ROMANS HISTORIQUES
DE
SIR WALTER SCOTT.

Guy Mannering

ou

L'Astrologue

Tome I

Paris

1823.

TITRE II.

Du territoire des Espagnes, de sa religion, de son gouvernement et des citoyens espagnols.

CHAPITRE PREMIER.

Du territoire des Espagnes.

10. Le territoire espagnol comprend dans la péninsule, inclusivement avec ses possessions et ses îles adjacentes, l'Arragon, les Asturies, la vieille Castille, la nouvelle Castille, la Catalogne, Cordoue, l'Estramadoure, la Galice, Grenade, Jaen, Léon, Molina, Murcie, Navarre, les provinces Biscayennes, Baléares, les

GUY MANNERING

ou

L'ASTROLOGUE.

I.

GUY MANNERING

OU

L'ASTROLOGUE,

PAR

SIR WALTER SCOTT.

TRADUCTION NOUVELLE.

TOME PREMIER.

PARIS,

F. DENN, rue des Grands-Augustins, n.º 21.
MASSON, rue Hautefeuille, n.º 14.

M DCCC XXIII.

une monarchie limitée héréditaire.
15. Le pouvoir de faire les lois réside dans les cortès avec le roi.

GUY MANNERING

OU

L'ASTROLOGUE.

CHAPITRE PREMIER.

« Il avoua que, lorsqu'il jeta un regard sur
» cette horrible contrée, et qu'il n'aper-
» çut que des champs arides, des arbres
» dépouillés de feuillage, des montagnes
» chargées de brouillards et des plaines
» submergées, qu'une sombre mélancolie
» attrista son ame et que le désir de revoir
» sa patrie se trouva dans son cœur. »

Voyages de Will Marvel.

C'était au commencement du mois de novembre 17... qu'un jeune gentilhomme anglais, qui venait d'achever ses études à Oxfort, profita de ses premiers momens de liberté, pour visiter quelques provinces du nord de l'Angleterre : la curiosité le porta même à parcourir les frontières du pays voisin. Le jour où commence cette histoire, les ruines de plusieurs monastères dans le comté de Dumfries avaient été l'objet de ses études, et une grande partie du jour s'était écoulée, tandis qu'il en dessinait les vues les plus pittoresques; de sorte qu'au moment où il remontait à cheval, le court et sombre crépuscule de la saison éclairait seul l'horizon. La route traversait des bruyères noirâtres qui s'étendaient de tous côtés à la distance de plusieurs milles. Quelques petites éminences s'élevaient, comme autant d'îles, sur cette aride surface ; elles étaient couvertes çà et là de champs de bled qui n'avait pas encore mûri, malgré la saison avancée ; quelquefois d'une petite chaumière ou d'une petite ferme ombragée d'un ou deux saules et entourée par des haies de sureau. Ces espèces d'îles n'avaient de communication entre elles que par des sentiers tortueux, tracés à travers les buissons, impraticables pour tout autre que les habitans de cette contrée. Cependant la grande route était bien entretenue, et il n'y avait aucun danger à craindre lorsqu'on était surpris par la nuit. Mais il n'est pas très-agréable de voyager seul dans les ténèbres et dans un pays inconnu ; et c'est surtout dans la situation de Mannering que l'imagination est prompte à se créer des fantômes.

Plus la nuit s'avançait, plus les bruyères paraissaient noires et épaisses. Notre voyageur s'informait de chaque passant, s'il était encore loin du village de Kippletringan, où il se proposait de passer la nuit. On ne répondait à toutes ses questions qu'en lui demandant d'où il venait. Tant qu'un reste de jour éclaira assez son habit et sa physionomie, pour le faire reconnaître comme un homme au dessus du commun, ces demandes étaient faites dans la forme d'une supposition : « Vous venez sans doute de l'antique abbaye d'Holy-cross, monsieur ? beaucoup de seigneurs anglais viennent la visiter. » ou bien : « Votre honneur vient sans doute du château de Pouderloupat ? » Mais lorsque sa voix seule se fit distinguer, les réponses prirent une autre tournure. « D'où diable venez-vous à cette heure de la nuit ? » ou « Vous n'êtes donc pas de ce pays, l'ami ? » S'il obtenait quelques réponses, il ne pouvait les concilier entr'elles. D'abord Kippletringan n'était qu'à *un bon bout de chemin* ; puis ce *bon bout de chemin* pouvait être de *trois milles* ; ensuite ces *trois milles* se réduisaient à *un mille et quelque chose*. Enfin une femme qui portait un enfant qui pleurait, lui dit, après avoir fait taire son marmot, que la route jusqu'à Kippletringan était longue, fatigante et fort rude pour les gens à pied. La pauvre jument qui portait Mannering était sans doute du même sentiment que cette femme, car elle commençait à ralentir sa marche, répondait à chaque coup d'éperon par un gémissement, et bronchait à chaque pierre qu'elle rencontrait (et la route en était semée).

Mannering perdait patience. Deux lumières qu'il aperçut lui firent concevoir la trompeuse espérance qu'il était près du terme de son voyage ; mais comme il s'en approchait, il trouva qu'elle venait de ces fermes, qui de temps en temps ornaient la surface de cette immense fondrière. Enfin pour mettre le comble à sa perplexité, il arriva à un endroit où la route se divisait en deux. Quand le jour lui aurait permis de lire les restes d'un écriteau placé pour indiquer le chemin, il n'aurait pas été plus avancé; car, selon la bonne coutume du nord de la Grande-Bretagne, l'inscription avait été aussitôt effacée qu'écrite. Notre aventurier fut donc forcé, tel que les anciens chevaliers errans, de se confier à la sagacité de son cheval, qui, sans hésiter, prit à gauche, et marcha d'un pas plus assuré, comme s'il avait la certitude d'approcher de l'écurie. Cet espoir ne se réalisait pas vite, et Mannering qui, dans son impatience, trouvait la route trois fois plus longue, commençait à croire que Kippletringan fuyait devant lui à mesure qu'il avançait.

Le ciel était couvert de nuages et les étoiles ne montraient qu'une lueur passagère. Un silence profond régnait autour de lui il n'était interrompu que par les cris percans des oiseaux nocturnes, le sifflement du vent à travers les bruyères, et le mugissement éloigné des vagues de l'océan, dont il semblait s'approcher. Cette dernière circonstance n'était pas propre à tranquilliser son esprit. Beaucoup de chemins de cette contrée suivent le bord de la mer, et sont sujets à être inondés, lorsque la marée s'élève à une grande hauteur, et s'avance avec une extrême rapidité. D'autres sont coupés par des criques et de petits bras de mer qu'on ne peut passer en sûreté que dans le temps du reflux. Conjonctures fâcheuses au milieu d'une nuit obscure, pour un cheval fatigué et un voyageur qui ne connaissait pas la route. Mannering résolut donc de s'arrêter à la première habitation, qu'il aurait le bonheur de rencontrer, quelque pauvre qu'elle fût, à moins qu'il ne pût se procurer un guide pour le conduire jusqu'au village de Kippletringan.

Une chétive chaumière s'offrit heureusement à lui pour exécuter son dessein. Ce ne fut pas sans difficulté qu'il parvint à en trouver la porte, et il frappa long-temps sans obtenir d'autre réponse qu'un duo entre une femme et un dogue, le dernier aboyant comme un furieux, et l'autre criant en chorus. La voix humaine prit peu-à-peu le dessus; mais les aboiemens du chien s'étant alors changés en hurlemens plaintifs, il est probable que quelque chose de plus efficace que la force des poumons l'avait réduit au silence.

— Que la peste t'étouffe! tels furent les premiers mots articulés; me laisseras-tu entendre ce que l'on veut, avec tes cris?

— Suis-je bien loin de Kippletringan, bonne femme?

— De Kippletringan!!! s'écria-t-elle avec un étonnement que nous ne pouvons mieux exprimer que par trois points d'admiration; vous allez à Kippletringan: eh! bien, il faut que vous retourniez jusqu'à Whaap; de Whaap, vous prendrez à droite jusqu'à ce que vous arriviez à Ballenloan, et puis......

— Cela m'est impossible, bonne femme! mon cheval tombe de fatigue; ne pourriez-vous pas me loger cette pour nuit ?

— Ma foi, non ; je suis seule, car Jacques est allé à la foire de Dramshourloch, et sur ma vie, je n'ouvrirai à qui que ce soit.

— Que deviendrai-je, ma bonne femme ? Puis-je passer la nuit sur le chemin ?

— Que vous dirai-je ? à moins que vous ne préfériez aller demander un asyle au château ; je vous garantis que vous y serez bien reçu, que vous soyez noble ou simple bourgeois.

— Oui, assez simple, pensa Mannering, pour battre l'estrade au milieu de la nuit ! Mais comment arriverai-je à ce château ?

— Prenez à gauche au bout de la basse cour, et prenez garde à la mare, puis.....

— Oh ! si vous me parlez encore de droite et de gauche, je suis désorienté. N'y a-t-il ici personne pour me conduire jusqu'à ce château ? Je le paierai généreusement.

Ces derniers mots produisirent un effet magique.

— Jock, ronflez-vous encore, cria la voix femelle, tandis qu'un jeune gentilhomme demande qu'on le conduise au château ? levez-vous, paresseux, et montrez-lui le chemin par le bout de la basse-cour. Il ne vous égarera pas, monsieur, et soyez sûr que vous serez bien reçu, car on ne refuse la porte à personne ; et vous arriverez dans un moment heureux, car le domestique du lord, non pas son valet de chambre, mais celui qui..... est passé par ici pour aller chercher l'accoucheur, et il n'est resté que le temps nécessaire pour vider deux pintes de bière et pour nous dire que Milady ressentait les premières douleurs de l'enfantement.

— Peut-être, dit Mannering, que dans un pareil moment, l'arrivée d'un étranger paraîtra importune.

— Soyez sans inquiétude, le château est assez grand, et le premier accouchement d'une lady est un événement heureux.

Jock, après avoir plusieurs fois passé

ses bras dans les trous d'un gilet, et ses jambes à travers les lambeaux d'un pantalon, trouva enfin les manches, et les culottes, et se montra, la tête couverte d'un bonnet blanc, et les jambes nues. C'était un garçon d'environ douze ans, d'une physionomie un peu niaise, autant que Mannering put en juger, à la clarté douteuse d'une lampe que sa mère à moitié nue tenait à la fenêtre, en tâchant de jeter un coup d'œil sur l'étranger, sans trop s'exposer à être vue. Jock marcha vers le couchant par l'extrémité de la basse-cour; en tirant le cheval de Mannering par la bride, et le conduisant avec quelque dextérité le long de la redoutable mare, dont le voisinage se faisait sentir de plus d'une manière; il mena la bête fatiguée, sur un chemin rocailleux, ensuite dans un champ labouré, franchit une muraille de pierres sèches qui lui servait de clôture en la renversant par terre, et traîna le pauvre animal à travers la brèche, sur les débris du mur qu'il venait de faire écrouler avec fracas; enfin il le conduisit dans une espèce d'avenue dégarnie de la plupart de ses arbres. Alors on entendit le bruit des flots de la mer, et la lune qui commençait à éclairer l'horizon, leur montra des tours antiques et un vieux château délabré dont l'enceinte était considérable. Mannering en y portant les yeux éprouva une sensation pénible.

— Que vois-je, mon petit ami, ce sont là des ruines, mais non pas un château ?

— C'est-là qu'habitaient autrefois les seigneurs de la contrée, c'est le vieux château d'Ellangowan; il y a des revenans; mais ne craignez rien, je n'en ai jamais vu, et nous sommes à la porte du nouveau château.

En effet, après avoir laissé les ruines à leur droite, nos voyageurs arrivèrent dans peu d'instans à une petite maison moderne, où le guide frappa avec force pour annoncer une visite d'importance. Mannering raconta son aventure au domestique, et le maître de la maison, qui de son salon avait entendu son récit, vint au devant de lui, et le reçut de la manière la plus hospitalière. Le petit garçon, joyeux d'avoir reçu une demi-couronne, s'en retourna à sa chaumière, le cheval éreinté fut conduit à l'écurie, et Mannering se trouva, peu de momens après, assis devant un bon souper, auquel il fit honneur, son appétit ayant été aiguisé par le froid et la fatigue.

CHAPITRE

CHAPITRE II.

J'ai vu mon antique héritage
Divisé, coupé par lambeaux;
Et dans cet odieux partage,
Il prend les plus riches morceaux.
SHAKESPEARE, *Henri IV*, Part. I.

La société qui se trouvait réunie dans le salon du château d'Ellangowan, se composait du Lord en personne et d'un autre personnage, qu'on pouvait prendre pour le maître d'école du village ou pour le vicaire du ministre; car il était trop mal vêtu, pour qu'on put croire que c'était le ministre du lieu en visite chez le seigneur.

Le Lord était un de ces seigneurs d'un ordre secondaire, qu'on trouve fréquemment à la campagne, dont Fielding a décrit une classe, comme *feras consumere nati*; mais l'amour de la chasse indique une certaine activité d'esprit, qui avait depuis long-temps abandonné M. Bertram, si jamais il en avait été doué. Sa physionomie assez agréable respirait la gaieté et l'insouciance, et plus particulièrement l'indolence dans laquelle il passait ses jours. Pendant qu'il entretient longuement Mannering de l'utilité d'envelopper ses étriers avec de la paille, lorsqu'on voyage dans l'hiver, je vais donner au lecteur une idée de sa famille et de son caractère.

Godfroy Bertram d'Ellangowan succédait à une longue suite d'ayeux, mais il ne possédait que des revenus très-modiques, comme beaucoup de seigneurs à cette époque. La liste de ses ancêtres remontait si haut qu'elle se perdait dans les temps barbares de l'indépendance Galwégienne ; de sorte que son arbre généalogique, outre les noms chrétiens de Godfroy, de Denis, de Gilbert, de Roland, portait encore les fruits payens d'une antiquité plus obscure, comme ceux d'Hanlon. Ils avaient été autrefois seigneurs d'un domaine étendu, mais désert, et chefs turbulens d'une tribu, nommée Mac-Dingawaie, quoique dans la suite, ils eussent adopté le surnom Normand de Bertram. Comme toutes les familles illustres, ils firent la guerre, excitèrent des rébellions, furent triomphants, battus, persécutés, décapités, pendant plusieurs siècles; mais en perdant leurs biens, ils déchurent de leur grandeur, et de chefs de conspirations, les Bertram ou Mac-Dingawaies d'Ellangowan, furent réduits au rôle de conjurés subalternes. Ce fut dans le dix-septième siècle que leur propension à heurter le pouvoir dominant les entraîna tout-à-fait dans l'abyme; ils suivirent à rebours la conduite du célèbre vicaire de Bray, en s'attachant avec autant de tenacité au parti du plus faible, que ce digne ministre à celui du plus fort, et ainsi que lui, il en reçurent la récompense.

Allan Bertram d'Ellangowan, qui florissait sous le règne de Charles I, était, d'après ce que nous dit Sir Robert Douglas, dans son histoire des barons d'Ecosse, un des partisans les plus zélés de la cause royale. Il s'unit au fameux marquis de Montrose, et aux autres vaillants et généreux patriotes, et perdit une partie de sa fortune. Il eut l'honneur d'être créé chevalier par sa Majesté; mais le parlement fit séquestrer ses biens en 1642, comme appartenant à un mal-intentionné, et en 1648 comme à un conspirateur. Ainsi ces deux épithètes de mal-intentionné et de conspirateur coûtèrent au malheureux Allan la moitié de son patrimoine. Son fils Denys Bertram se maria avec la fille d'un membre du conseil d'état renommé par son fanatisme; il sauva par cette union le reste de ses biens. Mais sa funeste destinée voulut qu'il fût aussi épris des opinions de sa moitié que de ses charmes; voici le portrait qu'en trace l'auteur déjà cité: « C'était un homme de tête et de courage; ces qualités le firent élire député de la noblesse des comtés de l'ouest, pour porter leurs griefs au conseil privé de Charles II, en 1678. » Pour s'acquitter de cette honorable mission, il fut obligé d'engager la moitié des biens paternels. Il aurait pu éteindre cette dette par une sévère économie; mais lors de la rébellion du duc d'Argyle, Denys Bertram se rendit de nouveau suspect au gouvernement; il fut envoyé au château de Dunnotar sur la côte de Mearns, et il se fracassa la tête en cherchant à s'échapper d'un souterrain appelé la voûte du Whig, dans lequel il était emprisonné avec quatre-vingt de ses partisans. Les détenteurs de ses biens engagés, en prirent possession, ce qui fit que les biens de cette famille furent encore réduits de moitié.

Donohoe Bertram, avec un nom tant soit peu irlandais, succéda à la propriété échancrée des Ellangowan. Il commença par mettre à la porte le chapelain de sa mère, le révérend Aaron Macbriar, qui lui disputait les bonnes grâces d'une jeune laitière. Il s'enivrait chaque jour, en buvant à la santé du Roi, du conseil et des évêques. Les compagnons de ses orgies étaient le laird de Lagg, Théophile Oglethorpe, et Sir James Turner, enfin il monta sur son cheval hongre, et se rendit à l'armée de Clavers à Killikrankie. A l'escarmouche de Dunkeld, en 1689, il fut tué par un caméronien, qui avait chargé son arme avec un lingot d'argent, parce que l'on croyait généralement que le diable avait rendu son corps à l'épreuve du fer et du plomb; son tombeau est encore appelé *la Tombe du Mauvais Lord.*

Son fils Louis eut plus de prudence que ses ancêtres; il veilla à conserver le peu de biens qui lui restaient; car les excès de Donohoe Bertram avaient aggrandi la brèche faite par les amendes et les confiscations. Quoiqu'il n'échappât point à la fatalité qui entraînait les Ellangowan dans les affaires politiques, il eut la prudence, avant de suivre Lord Kenmore en 1715, de placer ses biens en fidéi-commis pour les mettre à l'abri des confiscations, en cas que le comte de Mar ne réussît point à renverser la branche protestante. Mais il tomba de Charybde en Scylla; un mot suffit au sage; il ne recouvra ses biens qu'après un procès qui les diminua encore de moitié. Mais comme c'était un homme à caractère, il prit son parti avec courage ; il vendit une partie de ses terres et abandonna le vieux château, où depuis sa décadence, sa famille vivait comme un rat dans un vieux chaume. D'une partie de ses vénérables ruines, il bâtit une maison à trois étages, haute et étroite comme un bonnet de grenadier, une porte au milieu, deux fenêtres de chaque côté, et des vues de partout. Tel était le nouveau château d'Ellangowan, où notre héros se réjouissait peut-être un peu plus que nos lecteurs, et où se retira Louis Bertram, dans l'espoir de rétablir sa famille dans son ancienne prospérité. Il fit valoir lui-même ses terres, en prit d'autres à ferme, courut les foires et les marchés pour acheter et vendre des bestiaux, se livra à des spéculations lucratives, et par son industrie il ramena l'opulence dans sa maison. Mais ce qu'il gagnait en richesses, il le perdait en honneur. La noblesse qui ne s'occupait que de la chasse, de courses de chevaux, de combats de coq, méprisait les travaux de l'agriculture et les opérations du commerce et le regardait d'un mauvais œil. Il se vit obligé de renoncer peu à peu à leur société, et de se borner au rôle de gentilhomme fermier. La mort arrêta le cours de ses entreprises, et les faibles restes des immenses propriétés d'Ellangowan, échurent à Godfroy Bertram, son fils unique, leur possesseur actuel.

On s'aperçut bientôt du danger des spéculations de son père. Privées de sa surveillance active et personnelle, toutes ses opérations avortèrent. Sans aucune énergie pour prévenir ou repousser ces malheurs, Godfroy se reposa sur les talents d'un autre. Il n'avait ni chiens ni chevaux, ni autres avant-coureurs de ruine, mais avec un homme d'affaire, il marcha vers le même but. Sous cet administrateur, les petites dettes s'accrurent, les intérêts s'accumulèrent, des obligations à terme se métamorphosèrent en rentes perpétuelles et des frais de procédure augmentèrent son embarras. Ellangowan était si peu possédé de l'esprit de chicane, qu'il fut contraint pendant deux fois de payer les frais d'un procès dont il n'avait jamais entendu parler. Ses voisins prédisaient sa ruine ; ceux d'un haut rang le regardant comme un frère dégradé, n'avaient pour lui qu'une maligne et dédaigneuse pitié. Mais le peuple qui ne voyait rien à envier dans sa situation, le considérait d'un œil plus compatissant ; il en faisait pour ainsi dire son favori, et lorsqu'il se croyait opprimé par la noblesse, soit dans le partage des biens communaux, soit dans la punition des violateurs des droits de chasse et de pêche, soit dans toute autre occasion, il avait coutume de dire : « Ah ! si Ellangowan, ce brave homme, possédait tous les biens de ses pères, il ne souffrirait pas que le pauvre peuple fût ainsi tyrannisé. » Cependant cette bonne opinion qu'ils avaient de lui, les enhardissait à profiter de sa bonté facile, toutes les fois que l'occasion s'en présentait. Ils faisaient paître leurs bestiaux dans ses prés, volaient son bois, tuaient son gibier. « Le brave homme, disaient-ils, ne s'en apercevra pas ; il ne s'inquiète jamais de ce que font les pauvres gens. » Colporteurs égyptiens, chaudronniers, vagabonds de toute espèce, campaient autour de son château ou remplissaient sa cuisine ; et le Lord qui n'était pas un homme fier, mais plein de bonhommie, trouvait la récompense de son hospitalité dans le plaisir qu'il trouvait à les entendre raconter des nouvelles des pays qu'ils venaient de parcourir.

Une circonstance arrêta Ellangowan sur le bord du précipice. Ce fut son mariage avec une dame qui possédait quatre mille livres sterling. Personne dans son voisinage ne pouvait concevoir ce qui avait pu l'engager à se marier, et à partager sa fortune avec lui, à moins que ce ne fût sa belle figure, son maintien gracieux, et son humeur franche et gaie. On peut ajouter qu'elle avait vingt-huit ans accomplis, et point de proches parens pour contrôler ses actions ou son choix.

C'était pour cette dame sur le point d'accoucher de son premier enfant, que l'expéditif messager, dont avait parlé la vieille femme de la chaumière, avait été dépêché à Kippletrigan, la nuit où Mannering arriva.

Maintenant que nous avons assez parlé du Lord, nous devons faire connaître au lecteur le personnage qui se trouvait auprès de lui. C'était Abel Sampson, que ses fonctions de pédagogue avaient fait appeler Dominie Sampson. Il était d'une naissance obscure, mais ayant annoncé dès son berceau un caractère sérieux et taciturne, ses pauvres parents s'imaginèrent que leur fils pourrait un jour monter en chaire. Pleins de cet espoir séduisant et ambitieux, ils commencèrent à user de la plus rigide économie, se refusant tout, se levant grand matin et se couchant fort tard, ne se nourrissant que de pain et d'eau pour assurer à Abel les moyens de s'instruire. Sa grande taille, son maintien gauche, ses manières ridiculement graves, ses habitudes grotesques de se balancer et de faire des grimaces en récitant ses leçons, rendirent le pauvre Sampson la risée de tous ses camarades d'école.

Les mêmes qualités lui valurent un sort pareil au collége. Cette jeunesse folâtre se rassemblait régulièrement dans la cour, pour voir Dominie Sampson (car il avait déjà mérité ce titre honorable) descendre de la classe de grec, avec son lexique sous le bras, porté sur deux jambes longues et minces, haussant et baissant alternativement deux omoplates saillants, dans un large habit noir tout rapé, qui était son constant et unique vêtement. Lorsqu'il parlait, tous les efforts du professeur étaient inutiles pour arrêter le rire inextinguible des écoliers, et même pour retenir le sien. Son visage blême et allongé, ses gros yeux louches, son énorme mâchoire qui ne paraissait pas s'ouvrir et se fermer par un acte de sa volonté mais plutôt par un mécanisme intérieur, sa voix aigre et dissonante, et son fausset aigu qui ressemblait au cri d'une chouette lorsqu'on l'invitait à prononcer plus distinctement, ajoutez à cela l'habit troué et le soulier percé qui, depuis Juvénal ont si long-temps égayé aux dépens du savant,

tout

tout en lui était grotesque et ridicule. Cependant on ne vit jamais Sampson se fâcher de ces railleries, ni chercher à se venger de ses persécuteurs. Il s'échappait du collége par le chemin le moins fréquenté, et allait se cacher dans un misérable taudis, où pour dix-huit sols par semaine, il jouissait d'une paillasse et de la permission d'étudier au coin du feu, lorsque l'hôtesse était de bonne humeur. Malgré tous ces désavantages, il apprit assez à fond le grec et le latin.

Après avoir étudié en théologie, Abel Sampson fut enfin admis à monter en chaire. Mais le jour de son premier et dernier sermon fut malheureux pour lui; à peine parut-il aux yeux de l'auditoire, qu'un rire universel s'éleva; soit par timidité, soit par le trouble que lui causa cette gaieté inattendue, il ne put prononcer une syllabe; il poussa un long soupir, fit une hideuse grimace et roulant des yeux hagards qui semblaient vouloir sortir de sa tête, il ferma sa bible, descendit de la chaire, renversa quelques vieilles dévotes qui avaient pris place sur les escaliers et s'enfuit en emportant le surnom de *Prédicateur muet.* Ses espérances s'étant ainsi évanouies, il revint dans son pays partager la misère de ses parens. Comme il n'avait ni ami ni confident, pas même une seule connaissance, personne ne put observer l'effet qu'avait produit sur lui un pareil événement qui pendant une semaine avait fait rire à ses dépens toute la ville. On n'en finirait pas, s'il fallait rapporter tous les quolibets auxquels il donna lieu; depuis la ballade appelée *l'Enigme de Sampson*, faite par un écolier d'humanité, jusqu'à celle où le principal du collége le félicitait de ce qu'il n'avait pas emporté les portes en fuyant.

Mais l'ame de Sampson était douée d'une longanimité inaltérable. Pour soulager ses parens, il ouvrit une école et il eut bientôt un grand nombre d'élèves, mais peu d'honoraires. Il élevait les enfans des fermiers pour ce qu'on voulait bien lui donner, et les pauvres pour rien; mais, ce que nous avons honte d'avouer, le profit du pédagogue n'égalait pas les gages d'un garçon de charrue. Comme il avait une fort belle plume, il augmentait ce petit revenu, en copiant des comptes et écrivant des lettres pour Ellangowan. Celui-ci étranger à toute société, trouva peu à peu quelque agrément dans celle de Sampson. Sa conservation, il est vrai, n'était pas fort amusante; mais Dominie avait le talent de savoir écouter et de bien arranger le feu. Il essaya aussi de moucher les chandelles, mais ce fut sans succès, et il abandonna ce poste brillant, après avoir plongé deux fois le salon dans une obscurité complète. Toutes ses politesses se bornèrent dans la suite à boire son verre d'aile, dans le même temps et avec la même mesure que le Lord, et à faire entendre un léger murmure d'acquiescement à la fin des longues et interminables histoires d'Ellangowan.

Ce fut dans une de ces occasions, qu'il montra à Mannering pour la première fois sa figure allongée, et son habit noir râpé. Un mouchoir de couleur fanée, jadis propre, entourait son cou décharné ; de vieilles culottes grises, de gros bas d'un bleu foncé, des souliers rapiécés ornés de petites boucles de cuivre, complétaient son accoutrement.

Voilà une légère esquisse de la vie et des habitudes des deux individus entre lesquels Mannering était assis.

CHAPITRE III.

Dans l'histoire de tous les âges,
Ne voit-on pas d'affreux présages,
Et les oracles des destins
Prédits par des fameux devins ?

    Hudibras.

La position où se trouvait la dame du château fut alléguée à Mannering comme une excuse de ce qu'elle n'etait pas venue recevoir son hôte, et pour ce qui pouvait manquer à sa réception, et ensuite comme une raison de faire venir une bouteille de plus.

— Je ne puis me coucher, dit le Lord avec l'inquiétude naturelle à un père dans pareille occasion, jusqu'après son heureux accouchement. Si vous n'êtiez pas pressé par le sommeil et si vous vouliez nous faire l'honneur de rester avec nous, je vous assure que vous n'attendriez pas long-temps, Luckie Howatson est fort expéditif ; il y avait une jeune fille dans le même cas, elle demeurait fort près d'ici... il est inutile que vous branliez la tête et que vous murmuriez, Dominie ; les droits de l'église ont été acquittés et que doit-on faire de plus ? il est vrai qu'elle n'avait pas attendu la bénédiction nuptiale, mais l'homme qu'elle a épousé ne l'en estime pas moins pour cela. Ils habitent, M. Mannering, au bord de la mer, à Annan, et l'on ne trouvera jamais un couple mieux assorti, avec six beaux enfans, dont le petit frisé, l'aîné, Godfroy est déjà sur un yacht de la douane. C'est un de mes cousins qui en est commandant. Il a obtenu sa commission lors d'une grande contestation qui s'éleva dans le comté, dont vous avez entendu parler, car on en appela à la chambre des communes. J'aurais pu donner ma voix au lord de Balruddery, mais mon père étant Jacobite et ayant suivi Kenmore, n'a jamais voulu prêter le serment, ce qui a été cause que mon nom a été effacé de la liste des électeurs ; tandis que mon agent à qui mes biens donnent le droit de voter, a donné sa voix au vieux Sir Thomas Kittlecourt. Mais pour en revenir à ce que je disais, Luckie Howatson est fort expéditif, car cette fille......

Ici la longue et sautillante narration du lord d'Ellangowan fut interrompue par le chant d'une personne qui montait l'escalier en venant de la cuisine. Ce chant s'élevait quelquefois trop haut pour qu'un homme y pût atteindre, ou descendait trop bas pour qu'on pût croire que c'était une femme. Les paroles, autant que Mannering put le distinguer, semblaient être celles-ci :

> Heureux moment, peine agréable
> D'un accouchement désiré ;
> A cet enfant idolâtré
> Je prédis un sort favorable.

— C'est Meg Merrilies, l'égyptienne, aussi sûr que je ne suis qu'un pécheur, dit M. Bertram. Dominie gémit profondément, décroisa ses jambes, retira le long pied qui était avancé, pour le placer perpendiculairement, recroisa l'autre jambe par dessus, et introduisit dans ses narines deux énormes prises de tabac. — Pourquoi soupirer, Dominie, les chansons de Meg ne font aucun mal.

— Ni aucun bien, répondit Dominie Sampson, avec une voix dont la discordante dureté correspondait à sa figure repoussante. Comme c'étaient les premiers mots qu'il avait prononcés depuis l'arrivée de Mannering, celui-ci qui doutait si cet automate buvant, mangeant, se remuant et prenant du tabac, avait le don de la parole, en fut agréablement surpris. Mais dans ce moment la porte s'ouvrit et Még Merrilies entra.

A son aspect, Mannering tressaillit. Elle avait près de six pieds, portait une redingotte sur ses habits de femme, et tenait à la main un gros bâton épineux ; tout son accoutrement, à l'exception des jupes, tenait plutôt de celui d'un homme que de celui d'une femme. D'un bonnet à l'ancienne mode, sortaient de longues mèches de cheveux noirs, pareils aux serpens de la Gorgone, qui ajoutaient à l'effet singulier des traits fortement prononcés, et ridés par le temps qu'ils ombrageaient, tandis que son œil hagard et sauvage, indiquait une démence réelle ou affectée.

— Eh bien, Ellangowan, dit-elle, était-ce bien, que de laisser accoucher Milady, pendant que j'étais à la foire de Drumshourloch, sans m'en prévenir? Qui aurait chassé les esprits malfaisans? Qui aurait invoqué les bons génies pour qu'ils environnassent le berceau du nouveau-né? Qui aurait chanté pour ce cher petit enfant le charme de Sainte-Colme? Et sans attendre qu'on lui répondît elle se mit à chanter:

>   Herbe à Saint-Jean, trèfle, verveine,
>   Tempérez du sorcier la haine;
>   Et pour n'être pas conjuré,
>   Jeûnez le jour de Saint-André.

>   Invoquons notre Sainte Bride,
>   Sainte Colme avec son égide;
>   Et la lance de Saint Michel
>   Combattra le démon cruel.

Elle chanta ce charme d'une voix aigre et perçante, en faisant trois cabrioles, avec une telle agilité, qu'elle semblait ne pas toucher le plancher. — Eh! bien, dit-elle lorsqu'elle eut terminé, ne me ferez-vous pas donner un verre d'eau-de-vie ?

— Vous l'aurez, Meg, asseyez-vous près de la porte, et racontez-nous les nouvelles que vous avez apprises à la foire de Drumshourloch.

— En vérité, milord, on n'y pensait guères à vous; j'ai vu des jeunes filles qui me fuyaient, et le diable qui leur donnait leurs étrennes.

— Bien, Meg; et combien a-t-on envoyé d'égyptiens à la maison de correction ?

— Trois seulement, milord, car il n'y en avait que trois, outre moi qui m'en suis allée pour ne pas avoir affaire à des gens si querelleurs. A propos, ne savez-vous pas que Dumbog a fait sortir de ses terres Red Rotten et John Young; c'est un homme de rien; il n'est pas gentilhomme, celui qui a chassé d'une misérable cabane deux malheureux, pour avoir coupé quelques chardons le long d'une haie, et dépouillé un vieux tronc d'une écorce pourrie pour faire cuire leur soupe. Mais là haut il existe un vengeur.... et nous verrons si le coq rouge n'aura pas chanté sur son toit demain avant le jour.

— Chut, Meg, chut! ce que vous dites-là n'est pas bien.

— Que veut-elle dire? dit tout bas Mannering à Sampson.

— Incendie, répondit le laconique Dominie.

— Comment? expliquez-moi cela; qu'est-elle? qui est elle?

— Voleuse, sorcière, égyptienne.

— En vérité, mylord, continuait Meg, je n'ouvre mon cœur qu'à des hommes comme vous; on dit, voyez vous, que Dumbog n'est pas plus gentilhomme qu'un valet d'écurie; mais vous, dont la famille est noble depuis tant de siècles, vous ne chasseriez jamais de pauvres gens comme des chiens enragés, quand même ils vous auraient pris autant de chapons qu'il y a de feuilles sur le plus gros de vos arbres. Allons, tirez votre montre, afin que sachant l'heure et la minute où l'enfant naîtra, je prédise sa destinée.

— Nous n'avons pas besoin de votre science, Meg; nous avons ici un étudiant d'Oxfort qui saura mieux que vous prédire l'avenir, car il sait consulter les astres.

— Certainement, dit Mannering, en se prêtant au badinage de son hôte; je calculerai son horoscope d'après la loi des triplicités, ainsi que l'ordonnent Pythagore, Hippocrate, Dioclès et Avicenne; ou je commencerai *ab horâ quæstionis*, comme Haly, Messahala, Gonwehis, et Guido Bonatus l'ont recommandé.

Une des grandes qualités qui rendaient Sampson recommandable auprès de M. Bertram, était qu'il ne découvrait jamais les pièges les plus grossiers qu'on lui tendait pour le tromper; de manière que le Lord dont les faibles essais de plaisanterie se bornaient à des quolibets et à des baies qu'on a depuis appelées mystifications, avait le plus beau jeu possible pour exercer son esprit aux dépens de l'impassible Dominie. Il est vrai qu'il ne riait jamais,

et

et ne se joignait jamais au rire qu'il excitait. On prétend même qu'il n'avait ri qu'une fois en sa vie ; et que soit surprise d'un événement si rare, soit frayeur en voyant son épouvantable grimace, son hôtesse fit une fausse couche. Le seul effet que produisaient sur lui ces railleries, était de lui faire proférer le mot de *Prodigieux* ou de *Très-Facétieux* ; qu'il prononçait lentement et syllabe par syllabe, sans qu'il remuât un seul muscle de son visage.

Cette réponse du jeune astrologue lui fit ouvrir de grands yeux, et il semblait douter d'avoir bien entendu.

— Je crains, dit Mannering en se tournant de son côté, que vous ne soyez un de ces infortunés dont la vue affaiblie ne peut pénétrer jusqu'aux sphères célestes, ni distinguer dans les astres les décrets du ciel, et dont les cœurs aveuglés par les préjugés sont fermés à la conviction.

Je soutiens, dit Sampson, avec Sir Isaac Newton, chevalier et directeur de la monnaie du Roi, que la prétendue science de l'astrologie est vaine, frivole, et ne satisfait pas l'esprit. Et laissant reposer sa verve, il se tut.

— En vérité, reprit le voyageur, je suis vraiment fâché de voir un homme aussi savant frappé d'un tel aveuglement. Pouvez vous comparer le nom moderne, et j'ose dire commun d'Isaac Newton, aux noms sonores, antiques et illustres de Dariot, Bonatus, Ptolémée, Haly, Eztler, Dietirick, Naibod, Harfurt, Zael, Taustetter, Agrippa, Duretus, Maginus, Origène et Argol? Chrétiens et payens, juifs et gentils, poëtes et philosophes, n'ont-ils pas tous reconnu l'influence des astres?

— *Communis error!* erreur générale, répondit l'inflexible Dominie.

— Dites plutôt, répondit le jeune anglais, une croyance générale, universelle, et bien fondée.

— C'est la ressource des fripons, des fourbes et des charlatans, dit Sampson.

— *Abusus non tollit usum.* L'abus d'une

chose ne doit pas en faire abandonner le légitime usage.

Pendant cette discussion, Ellangowan ressemblait au chasseur pris dans le piége qu'il a tendu. Il jetait alternativement ses regards sur les deux interlocuteurs, et il commençait à croire, en voyant la gravité de Mannering et la science qu'il déployait, que ce n'était plus une plaisanterie. Quant à Meg, ses yeux égarés étaient fixés sur l'astrologue, comme vaincue par un jargon plus mystérieux que le sien.

Mannering usa habilement de son avantage; il débita avec volubilité tous les termes les plus barbares de l'astrologie que sa mémoire lui rappela, et avec lesquels, par une circonstance dont nous parlerons bientôt, il avait été familier dès sa jeunesse.

Signes et planètes, dans leurs aspects sextiles, quaternaires et ternaires, conjointes ou opposées, maisons des cieux avec leurs points, heures et minutes, Almuten, Almochoden, Catahibazon, et mille autres noms aussi barbares assiégeaient en foule

Dominic qui opposait son opiniâtre incrédulité aux décharges de cette artillerie.

La joyeuse nouvelle que milady venait d'accoucher d'un beau garçon, et qu'elle se portait aussi bien qu'on pouvait le désirer dans son état, vint enfin mettre un terme à la discussion. M. Bertram courut à la chambre de son épouse, Meg Merrilies descendit à la cuisine pour avoir sa part du bouillon destiné à l'accouchée, et Mannering, après avoir consulté sa montre, noté minutieusement l'heure et la minute de la naissance, pria Dominic avec une gravité convenable à la circonstance de le conduire à un lieu d'où il pût examiner la position des astres.

Le maître d'école se leva sans lui répondre, et ouvrit une porte à vitres, donnant sur une terrasse, derrière la maison, et communiquant au plateau où étaient les ruines du vieux château. La lune alors dans son plein était élevée, et la moindre étoile brillait avec éclat. Le spectacle que la sérénité du ciel présenta à Mannering fut aussi imposant qu'inattendu.

Nous avons observé qu'à la fin de sa

route, notre voyageur approchait du bord de la mer, sans connaître la distance qui l'en séparait. Il s'aperçut alors que les ruines du château d'Ellangowan étaient situées sur des rochers avancés, qui formaient un côté d'une petite baie. La maison moderne était bâtie plus bas; derrière, le terrain formait une pente douce, interrompue par des terrasses ornées de vieux arbres, couverte d'une épaisse pelouse et terminée par une plage de sable blanc. Du côté opposé au château, s'élevait une colline chargée de bois touffus, qui sur cette côte favorisée croissent jusques sur le bord de la mer. On distinguait à travers les arbres une cabane de pêcheurs. Malgré la nuit avancée, plusieurs lumières s'agitaient sur le rivage : c'était sans doute l'équipage d'un lougre qu'on voyait à l'ancre, qui, venant de l'Isle de Man, déchargeait des marchandises de contrebande. Dès que le flambeau qui éclairait Mannering parut à la porte du château, un cri parti du vaisseau fit entendre *Garde à vous*, donna l'alarme et toutes les lumières disparurent.

4.

Il était alors une heure après minuit; tout ce qui s'offrait aux yeux de Mannering lui présentait un spectacle enchanteur. Les vieilles tours grisâtres du château, les unes renversées, les autres debout, couvertes de la rouille des âges, couronnaient le rocher à sa droite. Devant lui s'étendait la la baie paisible dont les vagues à peine sensibles réfléchissaient les rayons argentés de la lune, et se brisaient avec un léger murmure sur le rivage où l'on voyait le bois. A sa gauche, des arbres de haute futaie se prolongeaient jusques vers l'océan; à travers leur majestueux balancement brillaient les flots de la mer, qui était le miroir pur d'un ciel sans nuage; ses sublimes reflets de lumière et l'obscurité des massifs d'arbres formaient un contraste imposant sur lequel l'œil se reposait avec délices. Au dessus de lui, roulaient les planètes dont l'orbe plus lumineux les distinguait des étoiles plus éloignées. A ce superbe spectacle, l'imagination de Mannering s'exalta; en considérant ces corps resplendissans, il fut un moment tenté de

leur attribuer un véritable pouvoir sur
les destinées humaines. Mais Mannering
était un jeune amant et pouvait être sous
l'influence de ces sentimens qu'un poëte
a exprimé d'une manière si exquise.

> J'appèle amour cette atteinte profonde,
> L'entier oubli de soi-même et du monde,
> Ce sentiment soumis, tendre, ingénu,
> Prompt, mais durable, ardent, mais soutenu,
> Qu'émeut la crainte et que l'espoir enflamme ;
> Ce trait de feu qui des yeux passe à l'ame,
> De l'ame aux sens ; qui fécond en désirs
> Dure et s'augmente au comble des plaisirs ;
> Qui plus heureux n'en est que plus avide :
> Voilà le Dieu de Tibulle et d'Ovide.

Hélas ! pensait-il, mon bon vieux tuteur, qui montra tant de feu dans la controverse entre Heydon et Chambers sur l'astrologie, aurait admiré ce superbe tableau avec bien d'autres yeux; et dans les positions respectives de ces astres éclatants de lumière, il aurait sérieusement cherché à découvrir leurs effets probables sur les destinées de l'enfant nouveau-né, comme si le cours ou les émanations de ces corps célestes étaient coordonnés avec la divine providence, ou en dirigeaient même les décrets. Que la paix soit avec lui! Il m'a suffisamment instruit dans cette science pour tirer un horoscope; je vais m'en occuper. En parlant ainsi, il nota les positions des principaux corps planétaires, et il rentra au château. Le Lord qu'il trouva dans le salon, lui redit avec joie, qu'il était père d'un garçon bien portant, et parut disposé à se remettre à table; mais Mannering ayant allégué sa fatigue, il le conduisit dans sa chambre à coucher.

CHAPITRE IV.

Regarde au firmament ce signe épouvantable;
Crois tes yeux effrayés par l'aspect redoutable
D'un astre menaçant; d'un terrible ennemi
Crains l'aveugle fureur....

   COLERIDGE de SCHILLER.

La croyance à l'astrologie judiciaire était presque générale au milieu du dix-septième siècle ; vers sa fin elle commença à s'affaiblir, et dès les premières années du dix-huitième, elle tomba dans un discrédit total, et devint même un ridicule. Elle comptait cependant encore quelques partisans, même parmi les hommes instruits ; ces hommes graves et studieux ne pouvaient s'arracher à des calculs depuis long-temps l'objet de leurs principales études, et ne descendaient qu'avec répugnance de ces hauteurs, d'où ils dominaient sur le reste des mortels par leur prétendue connaissance de l'avenir.

Parmi ceux qui croyaient de bonne foi posséder cette science imaginaire, était un vieil ecclésiastique à qui Mannering fut confié dans sa jeunesse. Il avait détruit sa vue en observant les astres, et sa cervelle en en calculant les combinaisons. Dans son adolescence, Mannering partagea son enthousiasme, et travailla même à acquérir des connaissances astrologiques. Avant qu'il fut éclairé sur ces absurdités, William Lilly lui aurait accordé un jugement exquis et une imagination brillante pour tirer un horoscope avec exactitude.

Dans cette occasion, il se leva aussi matin que le lui permit la briéveté des jours, et procéda aux calculs nécessaires à l'horoscope du jeune héritier d'Ellangowan. Il commença son travail *secundùm artem*, autant pour garder les apparences, que pour voir s'il pourrait encore pratiquer cette science. Il traça la figure des cieux, la divisa en douze maisons, y plaça les planètes suivant les éphémérides, rectifia leurs positions à l'heure et au moment de la naissance de l'enfant. Nous ferons grâce au lecteur des pronostics généraux que l'astrologie eût tiré de ces diverses circonstances ; mais il y en eut une qui fixa vivement l'attention de notre jeune astrologue. Mars se trouvant à sa plus grande hauteur dans la douzième maison, menaçait l'enfant de captivité ou de mort subite et violente. Il eut alors recours à d'autres règles par lesquelles les devins prétendent s'assurer de la justesse de leurs prédictions, et il conclut de leurs résultats que trois époques pourraient lui être funestes, sa cinquième, sa dixième et sa vingt-unième année.

Mannering ayant déjà tiré un horoscope pour complaire à Sophie Welwood, jeune dame dont il était épris ; remarqua avec un grand étonnement qu'une même conjonction de l'influence planétaire, la menaçait de mort ou d'emprisonnement dans sa trente-neuvième année. Elle était alors dans sa dix-huitième ; de sorte qu'en comparant les deux résultats, la même année la menaçait du même malheur que l'enfant qui venait de naître. Frappé de cette coïncidence, il recommença ses calculs, et l'approximation fut poussée jusqu'à indiquer le même mois, le même jour pour le danger commun.

On croira facilement qu'en rapportant cette circonstance, nous ne voulons pas accréditer l'astrologie, mais seulement faire observer que la propension qui nous attire vers le merveilleux égare souvent notre jugement. Que cette coïncidence fût un de ces hazards singuliers qui arrivent quelquefois dans les calculs les plus simples, ou que Mannering se trouvant égaré dans ce dédale astronomique eût deux fois suivi la même route pour en sortir, ou que son imagination entraînée par des points d'une ressemblance apparente, lui eût montré quelques rapports illusoires entre ces deux opérations, c'est ce que nous ne pouvons décider ; mais l'impression qu'elles firent sur son esprit fut vive et ineffaçable.

Il ne pouvait revenir de son étonnement sur un résultat si inattendu. « Le diable s'en mêlerait-il, pour se venger de notre mépris pour un art dont on dit l'origine magique ?

magique ? Ou serait-il possible, comme l'admettent Bacon et Sir Thomas Browne, que nous ne devons pas nier l'influence des astres, et qu'en les étudiant avec sagesse selon les règles, l'on pût parvenir à la connaissance de la vérité, quoique les charlatans abusent grandement de cette science ? » Un instant de réflexion lui fit rejeter cette opinion comme extravagante, et admise seulement par ces savants pour ne pas heurter de front les préjugés universels de leur siècle, ou parce qu'ils avaient été entraînés par leur influence contagieuse. Cependant le résultat de ces calculs laissa dans son esprit une impression si profonde et si pénible, que, comme Prospero, il jura que ni sérieusement, ni par plaisanterie, il ne s'adonnerait plus à l'astrologie judiciaire.

Il hésita long-temps s'il ferait connaître au lord d'Ellangowan l'horoscope de son premier-né. Cependant il résolut de ne point lui cacher le résultat de ses travaux astrologiques, en l'instruisant néanmoins de la futilité des règles dont il s'était servi.

Après cette détermination, il sortit pour aller sur la terrasse.

Si la vue des environs d'Ellangowan lui avait paru agréable à la clarté de la lune, les rayons du soleil ne lui ôtèrent rien de sa beauté. La terre, même au mois de Novembre souriait à son influence. Une montée assez roide, mais régulière, qui allait de la terrasse à l'éminence voisine, conduisit Mannering à la façade du vieux château. C'était deux énormes tours rondes jointes par une courtine qui protégeait l'entrée principale, par laquelle on pénétrait dans la première cour. Les armes de la famille en sculpture se voyaient encore au dessus de la porte, ainsi que les espaces ménagés par l'architecte pour faciliter l'action du pont-levis. Des planches grossièrement assemblées formaient la seule barrière de cette entrée autrefois si formidable. L'esplanade en face du château dominait sur une perspective des plus agréables.

Les terres arides et désolées que Mannering avait traversées la veille, étaient cachées par des collines, et le paysage montrait une alternative pittoresque de montagnes et de vallons, arrosés par une petite rivière dont les eaux semblaient de temps en temps se perdre dans les bocages épais qui embellissaient ses rives. Quelques maisons et la flèche d'une église annonçaient qu'il y avait un village, à l'endroit où cette rivière se jetait dans l'océan. Ces vallons paraissaient bien cultivés; ils étaient divisés en petits enclos qui s'étendaient jusqu'au pied des montagnes, et l'on voyait même les haies vives qui les entouraient s'élever sur leur penchant. Au dessus, étaient de verts pâturages couverts de bestiaux, et au bas, un marché animait ce charmant tableau. Les montagnes plus éloignées prenaient un caractère plus imposant, et celles qui se trouvaient à une distance encore plus considérable, élevaient dans les nues leurs cimes bleuâtres, et semblaient servir de barrières à cette fertile contrée, ou la séparer du reste du monde. Les côtes de la mer dont on apercevait une grande étendue n'étaient pas moins agréables par leur variété. En divers endroits, on voyait encore des rochers escarpés couronnés par des ruines de tours antiques, qui, suivant la tradition étaient placées en vue les unes des autres, pour, en cas d'invasion et dans les guerres civiles, communiquer par des signaux et s'assurer une défense mutuelle. Le château d'Ellangowan était la plus étendue, la plus considérable de ces ruines, et par sa situation prouvait la supériorité que ses fondateurs avaient eue sur les nobles de cette contrée. Plus loin, une côte unie et agréable était coupée par de petites baies, ou prolongeait dans la mer des promontoires couverts de bosquets.

Un spectacle si différent de ce que lui présageaient les pays qu'il avait parcourus la veille, fit une vive impression sur Mannering. Sous ses yeux était la maison moderne; l'architecture n'en était pas bien régulière; mais sa situation était des plus agréables. — « Quel bonheur, pensait notre héros de vivre dans une si délicieuse solitude; d'un côté, des ruines majestueuses inspirent un secret orgueil de famille de l'autre, une habitation charmante et commode pour satisfaire des désirs modérés. Vivre ici avec toi, Sophie!...

Nous ne suivrons pas plus loin Mannering dans ses rêves d'amour. Il resta un moment dans une espèce d'extase, et tourna ensuite ses pas vers le château ruiné.

En entrant par la grande porte, il vit que la magnificence gothique de la cour correspondait avec la grandeur de l'extérieur. On voyait d'un côté une façade ornée de hautes et larges fenêtres, séparées par d'énormes piliers, de l'autre des bâtimens de diverses grandeurs et construits à des époques différentes, présentaient cependant aux yeux une certaine uniformité. Des sculptures grossières étaient moitié effacées, moitié couvertes de lierre et autres plantes parasites. Le fond de la cour qui faisait face à l'entrée et qui avait été aussi occupé par des édifices, n'était plus qu'un monceau de ruines, parce que cette partie du château avait été, dit-on, canonnée par les vaisseaux du Parlement commandés par Deane, lors de la longue guerre civile. A travers cette dévastation, Mannering vit la mer et le petit lougre armé qui était à l'ancre au milieu de la baie. Pendant qu'il examinait ces ruines, il entendit dans une salle à sa gauche la voix de l'Egyptienne qu'il avait vue la veille. Ayant trouvé une ouverture par laquelle il pouvait la voir sans être aperçu, il ne put s'empêcher de penser que sa situation, son occupation et sa physionomie représentaient exactement une sybille antique.

Elle était assise sur une pierre dans l'angle d'un appartement encore carrelé, dont elle avait balayé une partie pour laisser l'espace libre aux mouvemens de son fuseau. Un rayon du soleil qu'une fenêtre étroite et élevée laissait échapper, tombait sur ses traits sauvages et l'éclairait dans son occupation; le reste de cette salle était dans l'obscurité. Ses habits étaient un composé du vêtement des Egyptiens et de celui du bas peuple écossais, mais ils approchaient davantage du costume oriental. Elle filait une laine de trois couleurs différentes, noire, blanche et grise, à l'aide de la quenouille et du fuseau. Elle chantait, et ses chants paraissaient être un charme. Mannering, après avoir envain tâché d'en entendre les mots, ne put en saisir que le sens, dont il fit, à la hâte, l'imitation suivante :

> Tournez autour de mon fuseau,
> Couleurs dont ma trame est ourdie;
> Car vous êtes le vrai tableau
> Des biens, des maux de cette vie.
>
> Je tresse un fil mystérieux
> Qui, par sa magique influence,
> Du sombre avenir à mes yeux,
> A révélé la connaissance.
>
> L'enfant vient de naître en ce jour;
> Douleur, désespoir, jalousie,
> Pourquoi venez-vous tour-à-tour
> Semer d'amertume sa vie.
>
> Tournez, montez, mélangez-vous,
> Fil précieux, laine mystique;
> Peines, plaisirs, vous tournez tous
> Autour de mon fuseau magique.

Avant que notre libre imitateur eût arrangé ses strophes dans sa tête, et tandis qu'il cherchait une rime, la tâche de la sybille s'était accomplie. Elle prit alors son fuseau, dévida le fil lentement et le mesurait en le passant du coude jusqu'entre le pouce et l'index; lorsqu'elle eut tout mesuré elle se dit tout bas: « Un peloton, mais non d'un seul bout...... soixante-dix années entières ..... mais le fil trois fois brisé, sera-t-il renoué trois fois? s'il a ce bonheur, ce sera un homme fortuné. »

Notre héros se disposait à parler à la prophétesse, lorsque une voix aussi rauque que le mugissement des vagues auquel elle se mêlait, cria deux fois avec une impatience toujours croissante, « Meg, Meg Merrilies, égyptienne, sorcière, mille diables! — J'y suis, j'y suis, capitaine, répondit Meg; et quelques momens après l'impatient capitaine se montra au milieu des ruines.

Il ressemblait à un marin; sa taille était au-dessous de la moyenne, et son teint bronzé annonçait les rudes assauts qu'il avait soutenus contre le vent du nord-est. Il paraissait doué d'une si grande force;

qu'il aurait lutté avec avantage contre un homme d'une plus haute taille. Ses traits étaient repoussants, et sa physionomie n'avait rien de cette gaîté, de cette insouciance des marins, qualités qui leur concilient l'affection, la bienveillance et la considération du peuple. Leur courage et leur hardiesse commandent le respect des pacifiques gens de terre, et quoique ce sentiment d'infériorité ne s'accorde pas aisément avec une amitié familière, leur étourderie et leur humeur franche et gaie, tempèrent le côté brutal de leur caractère. On ne voyait rien de cela sur la figure de cet homme; au contraire, ces traits exprimaient la rudesse et la dureté, sans que rien en éclaircît la sombre couleur. — Où êtes-vous, la mère, fille de Satan? dit-il, avec un accent étranger, mais parlant parfaitement bien l'anglais; tonnerre et tempête! il y a une demi-heure que nous vous attendons. Allons, venez faire un charme pour notre heureux voyage, et qu'ensuite tous les diables vous emportent!

Dans ce moment, il aperçut Mannering qui, pour observer Meg Merrilies, s'était caché derrière un pilier, et paraissait chercher à se cacher. A cet aspect, le capitaine s'arrêta tout-à-coup, et portant sa main droite entre son habit et son gilet, comme pour y chercher une arme. Que faites-vous-là camarade ? vous semblez être aux écoutes, hem ?

Avant que Mannering, irrité du ton insolent et du geste de cet homme, lui eût répondu, l'égyptienne sortit de son antre et s'approcha du capitaine, qui la questionna à voix basse, en fixant Mannering : —— Est-ce un goulu de mer, hein ?

Elle répondit sur le même ton, et dans l'idiôme énigmatique de sa tribu : Coupez les ailes des pigeons, voilà le noble colombier du château.

La figure du Capitaine parut moins farouche.——Bonjour, monsieur, vous êtes sans doute venu rendre visite à mon ami M. Bertram, je vous demande pardon, je vous prenais pour une autre personne.

Mannering répondit : Et vous, monsieur,

je présume que vous êtes le maître du vaisseau qui est dans la baie.

— Oui, oui, monsieur; je suis Dirk Hatteraick, capitaine de la Yungfrau Hagenslaapen, bien connu sur cette côte; je n'ai à rougir ni de mon nom, ni de mon vaisseau, ni de ma cargaison.

— Je suis persuadé que vous n'en avez nulle raison, monsieur.

— Non, mille tonnerres! je fais un trafic honorable; j'ai fait mon chargement à Douglas dans l'île de Man; Dentelles de Mechlin, bon Cognac, véritable thé Hyson et Souchong; si vous en désirez, j'en ai débarqué cent tonneaux la nuit dernière.

— En vérité, monsieur, je suis en voyage, et je n'ai pas maintenant besoin de ces objets.

— Dans ce cas, je vous souhaite le bon jour, car il faut songer à ses affaires, à moins que vous ne soyez tenté de venir boire un coup à bord, vous goûterez du bon thé; Dirk Hatteraick connait la politesse.

Il y avait dans cet homme un mélange

d'impudence, de hardiesse et de crainte tout-à-fait révoltant. Ses manières étaient celles d'un brigand qui n'ignorant pas les soupçons qui planent sur lui, affecte de les mépriser par une familiarité audacieuse. Mannering rejeta briévement ses politesses, et Dirk après un orgueilleux bonjour, se retira avec la bohémienne par le côté des ruines d'où il était venu. Un fort petit escalier, pratiqué probablement pour la garnison en cas de siége, conduisait au rivage. Ce fut par là que ce charmant couple descendit à la mer. Le soi-disant capitaine s'embarqua dans une chaloupe avec deux hommes qui l'attendaient, tandis que l'égyptienne resta sur la rive, où elle se mit à chanter, déclamer, gesticuler avec une véhémence et un enthousiasme extraordinaire.

CHAPITRE

CHAPITRE V.

Vous avez envahi mes antiques domaines,
Enlevé mes bestiaux, abattu mes vieux chênes ;
Vous avez effacé, des portes du palais,
Mes nobles écussons, et de tant de hauts faits
Que retraçaient aux yeux ces superbes emblêmes
Impunément brisés dans vos fureurs extrêmes,
Il ne reste aucun signe ; et pour prouver mon rang
Je n'ai que mon renom et mon illustre sang.

Richard II.

Lorsque la barque qui portait le digne capitaine l'eut ramené à bord, les voiles se déployèrent, le vaisseau partit après avoir salué de trois coups de canon le château d'Ellangowan, et poussé par le vent qui venait de la côte, il s'éloigna à pleines voiles.

— Ah ! ah ! dit le lord qui cherchait Mannering depuis quelque temps et qui venait de le joindre, ils partent ces francs commerçants ; il part, Dirk Hatteraick, capitaine de la Yungfrau Hagenslaapen, moitié homme, moitié hollandais et moitié diable; toutes ses voiles sont enflées, le suive qui pourra! savez-vous qu'il est la terreur des douaniers, qui ne peuvent l'approcher sans en être battus..... A propos de douaniers; je viens vous chercher pour déjeûner, vous aurez du thé qui.....

Mannering s'apercevant que les idées de M. Bertram s'enfilaient sans ordre les unes après les autres, se hâta, avant que le débordement de ses pensées l'eut emporté plus loin, de le ramener à son sujet, en l'interrogeant sur Dirk Hatteraick.

— Oh! c'est un..... un assez bon diable! pourvu que personne ne le contrarie; contrebandier quand ses canons lui servent de lest, armateur en course et même pirate, lorsqu'ils sont sur leurs affûts. Il a fait plus de mal aux douaniers qu'aucun coquin qui soit jamais sorti de Ramsay.

— Je suis étonné, M. Bertram, si tel est son caractère qu'il trouve sur cette côte encouragement et protection.

— Il est vrai, M. Mannering, mais le peuple a besoin d'eau-de-vie et de thé, et personne autre n'en apporte ici, et puis c'est un trafic bientôt fait. Chez ce fripon de Duncan Robb, l'épicier de Kippletringan, il faut de l'argent comptant ou un billet à courte échéance, tandis que lorsque Dirk Hatteraick débarque un ou deux tonneaux d'eau-de-vie, ou une douzaine de livres de thé, il reçoit en échange du bois, de l'orge et tout ce dont il a besoin. Je vais vous raconter là-dessus une histoire plaisante. Il y avait une fois un lord, c'était Macfie de Gudgeonfort; il avait un grand nombre de poules de cens. — Le cens est ce que les tenanciers paient à leurs seigneurs. — Ces poules ne sont pas bien grasses, Lucy Finniston m'en envoya trois la semaine dernière qui faisaient pitié, tant elles étaient maigres, et cependant elle a douze arpens de terre pour les nourrir. Quant à son mari, Duncan Finniston, il est parti pour l'autre monde, le pauvre homme. Nous devons tous mourir, M. Mannering, ce n'est que trop vrai. Mais à propos de la mort, il faut songer à vivre; car déjà le déjeuner est sur la table et Dominie est impatient de dire le bénédicité.

Dominie débita un bénédicité dont la longueur excéda la plus longue phrase que Mannering eût entendu sortir de sa bouche. Le thé qui venait du trafic du noble capitaine Hatteraick fut jugé excellent. Mannering fit quelques reflexions avec toute la délicatesse qu'exigeait ce sujet, sur le danger d'encourager les entreprises de cet homme : —— Quand ce ne serait que par rapport à la douane, j'aurais supposé.....

—— Ah! les douaniers, dit M. Bertram, dont l'esprit étroit concevait difficilement une idée abstraite, et qui ne voyait dans la douane que les inspecteurs, contrôleurs, commis à pied et à cheval, qu'il connaissait presque tous ; les douaniers sont assez forts pour se défendre eux-mêmes, ils n'ont pas besoin qu'on leur prête secours, ils ont des militaires à leur disposition, et quant à la justice.... Vous serez surpris, M. Mannering, d'apprendre que je ne suis pas seulement membre de la justice de paix.

Mannering affecta un air d'étonnement, quoiqu'il vît bien que les lumières de ce bon seigneur n'étaient pas une grande perte pour le tribunal de paix. M. Bertram étant tombé sur un des sujets qui excitaient sa sensibilité, continua avec énergie:

— Non, monsieur, le nom de Godfroy Bertram d'Ellangowan ne figure pas même sur la dernière liste, quoiqu'il n'y ait pas un rustre dans le canton, qui ait à peine un arpent de terre à labourer, qui ne puisse siéger aux assises, et qui n'écrive J. P. après son nom. Je sais fort bien à qui je dois ce coup de pied. Sir Thomas Kittlecourt m'insinua que si je lui accordais mon vote dans la dernière élection, il m'y ferait porter; mais comme j'ai préféré donner ma voix à mon propre sang, à mon cousin au troisième degré, le lord de Balruddery, il a intrigué pour que je ne fusse pas porté sur le rôle des francs-tenanciers, et à la dernière nomination des juges de paix, j'ai été oublié. Ils prétendirent que je laissais décerner des mandats d'arrêt à David Guffog, le constable,

6.

et gouverner les affaires à son gré, comme si j'étais un homme de paille; mais c'est une insigne calomnie; je n'ai jamais lancé que sept mandats d'arrêt dans ma vie, et c'est Dominie Sampson qui les a rédigés. Sans cette malheureuse affaire de Sandy Mac-Gruthar, que les constables avaient enfermé dans la prison du vieux château, au lieu de l'emmener dans celle du comté..... Il m'en a coûté assez d'argent...... Je vois bien ce que désire Sir Thomas, il est jaloux de mon banc dans l'église de Kirmagirdle; mais ma naissance ne me donne-t-elle pas plus de droits d'occuper cette place distinguée en face du ministre, que Mac-Crosskie de Creochstone, le fils du Diacre Mac-Crosskie, le tisserand de Dumfries ?

Mannering lui témoigna qu'il trouvait ses craintes justement fondées.

— Je vais, M. Mannering, vous raconter une histoire relative à un fossé et à un chemin. Je savais que Sir Thomas était derrière moi, cependant je dis au clerc chargé de cette affaire, que je voyais le pied fourchu, qu'il y avait un gentilhomme ou une espèce de gentilhomme, qui voulait faire passer le chemin à travers le fossé pour s'emparer, comme mon agent le lui fit observer, d'un demi arpent de bons pâturages. Voici une autre histoire sur le choix du collecteur des taxes....

— Certainement, monsieur, il est fâcheux d'être traité avec si peu de respect, dans un pays où vos ancêtres, à en juger par l'étendue de leur résidence, devaient exercer une grande autorité.

— Cela est très vrai, M. Mannering, mais je suis un homme sans façon, je ne m'énorgueillis pas de ces souvenirs, et je vous avoue avec franchise que je les oublie facilement. Ah! si vous aviez entendu mon père raconter les anciens combats qu'ont livré les Mac-Dingawaies, — ce sont les Bertram d'aujourd'hui, — contre les montagnards et les Irlandais qui vinrent ici d'Ilay et de Cantire. — Comment ils s'illustrèrent dans les croisades. Ils allèrent à la Terre-Sainte, c'est-à-dire à Jérusalem et à Jéricho, suivi de tous leurs vassaux. Ils auraient mieux fait d'aller à la Jamaïque comme l'oncle de Sir Thomas Kittlecourt. Ils en apportèrent des reliques comme celles des catholiques, et un drapeau que je conserve là-haut dans le grenier. Si c'avait été une cargaison de rhum et de muscades, leurs biens en seraient aujourd'hui plus étendus. Le vieux manoir de Kittlecourt peut-il être comparé au château d'Ellangowan ? je doute que sa façade ait quarante pieds. — Mais vous ne déjeûnez pas, M. Mannering, vous ne mangez rien ; croyez-moi, goûtez de cette oie sauvage, c'est John Hay qui l'a tuée, il y aura samedi trois semaines, au ruisseau qui arrose le pré d'Hempsed, etc., etc., etc.

Le lord, que son indignation avait retenu quelque temps dans le même sujet, s'abandonna à son genre coupé de conversation, ce qui permit à Mannering de réfléchir aux désagrémens d'une situation qu'il enviait une heure auparavant. Il voyait un gentilhomme campagnard dont les plus estimables qualités formaient le caractère, secrètement irrité et murmurant contre les autres, pour des choses qui comparées aux maux de la vie, n'ajoutaient pas le moindre poids dans la balance. Mais telle est la sage compensation de la providence ; ceux que les grands malheurs n'affligent point, se désolent pour de petites vexations, et le lecteur a déjà sans doute observé, que ni l'apathie naturelle ni la philosophie ne rendent les seigneurs de campagne insensibles aux intrigues et aux petits désagrémens qu'on éprouve dans les élections, les sessions, et les assemblées de jurés.

Curieux de s'instruire des mœurs du pays, Mannering profita du moment où M. Bertram reprit haleine, pour lui demander ce que le capitaine Hatteraick attendait de l'égyptienne.

— Pour bénir son vaisseau, je suppose. Vous saurez, M. Mannering, que ces francs-commerçans que la loi appelle contrebandiers n'ont aucune religion ; mais ils croient à toutes sortes de superstitions, aux charmes, aux sortilèges, et autres sottises de ce genre.

—— Impiété et vanité! dit Dominie, ils ont fait un pacte avec Satan; sortilèges, charmes, enchantemens, ce sont-là tout autant de flèches empoisonnées, sorties du carquois d'Apollyon.

—— Silence, Dominie! vous parlez sans cesse; (observez qu'excepté le bénédicité et les grâces, c'étaient les premiers mots que le pauvre homme eût prononcés depuis qu'il était levé.) M. Mannering ne peut placer une parole. Mais à propos d'astronomie, de charmes et de sortilèges avez-vous eu la bonté de considérer ce dont nous parlions hier au soir?

—— Je commence à croire, M. Bertram, avec votre digne ami, que j'ai manié une épée à deux tranchans, avec laquelle il est dangereux de jouer; et quoique ni vous ni moi, ni aucun homme de bon sens n'ajoute foi aux prédictions de l'astrologie, il est cependant arrivé que les recherches pour connaître l'avenir ont influé d'une manière fâcheuse sur les actions et le caractère. Ainsi, veuillez me dispenser de répondre à votre question.

On croira facilement que cette réponse évasive ne fit qu'irriter la curiosité du Lord. Mais Mannering avait résolu de ne pas exposer l'enfant aux inconvéniens qui auraient pu résulter de cette funeste prédiction. Il ne remit le papier dans les mains de M. Bertram, qu'à condition qu'il en respecterait le cachet pendant cinq ans, jusqu'à ce que le mois de novembre fut expiré. A cette époque, il lui laissait la liberté d'examiner l'écrit, persuadé que la première période fatale étant passée sans qu'il en résultât aucun événement fâcheux, on ne redouterait plus les autres. M. Bertram l'ayant promis, Mannering le prévint que si son injonction était méprisée, il lui arriverait de grands malheurs. Le reste de cette journée, que Mannering, à l'invitation de M. Bertram, passa à Ellangowan, n'offrit rien de remarquable. Le lendemain matin le voyageur monta sur son palefroi, fit ses adieux au lord hospitalier et à l'ecclésiastique son ami, souhaita toutes sortes de prospérités à sa famille, puis tournant la tête de son coursier vers l'Angleterre, il disparut aux yeux des habitans d'Ellangowan. Il faut également qu'il disparaisse aux regards de nos lecteurs, qui le retrouveront dans une autre période de sa vie.

CHAPITRE

CHAPITRE VI.

Et là, l'on voit le juge à face rebondie,
Gonflant d'un bon chapon une panse arrondie,
Elégamment coiffé, composant son maintien,
Il joue ainsi son rôle....

Lorsque mistress Bertram d'Ellangowan fut en état d'apprendre ce qui s'était passé pendant qu'elle avait gardé le lit, sa chambre retentit des louanges du jeune et bel étudiant d'Oxfort qui avait tiré l'horoscope de son fils. On ne tarissait pas sur sa bonne mine, sa taille, ses traits. On n'oublia pas même son cheval, sa selle et ses étriers Ces récits firent l'impression la plus vive sur l'esprit de cette bonne dame, qui n'était pas peu porté à la superstition.

Sa première occupation, lorsqu'elle put se livrer à quelque petit ouvrage, fut de faire un petit sac de velours, pour renfermer l'horoscope qu'elle avait obtenu de son mari. Ses doigts lui démangeaient de rompre le cachet, mais la crédulité triompha de la curiosité. Elle eut la fermeté de le coudre intact entre deux feuilles de parchemin pour qu'il ne se froissât pas. Elle suspendit ce précieux sac, comme une amulette, au cou de l'enfant, jusqu'à ce que le temps prescrit, où elle pourrait sans danger satisfaire sa curiosité, arrivât.

Le père voulant s'acquitter de ses devoirs envers son fils, en lui assurant une bonne éducation, engagea facilement Dominie Sampson à renoncer à sa profession publique de maître d'école de la paroisse, et à faire sa résidence habituelle au château, où moyennant des appointemens qui égalaient à peine les gages d'un valet, il entreprit de communiquer au futur lord d'Ellangowan, la vaste érudition qu'il possédait véritablement, et les grâces et les perfections qu'il n'avait pas ; mais dont il ne s'était pas aperçu d'être privé. Dans cet arrangement, le lord trouva aussi son avantage particulier. Il s'assura un auditeur bénévole qui écouterait ses longues histoires, lorsqu'ils seraient seuls, et un patient, aux dépens duquel il exercerait ses plaisanteries, lorsqu'il aurait compagnie.

Environ quatre ans après, il y eut de grands changemens dans le canton où était situé Ellangowan.

Ceux qui avaient observé les signes de l'horison politique avaient prévu qu'un changement de ministère était inévitable. Après une longue alternative de craintes et d'espérances, après des nouvelles bien ou mal fondées, après bien des toasts portés dans les clubs à l'élévation ou à la chute des hommes d'état, après beaucoup de courses à pied, à cheval, en chaises de postes, lorsque par des adresses pour, des adresses contre, on eut offert sa vie et sa fortune, le coup fut enfin frappé, le ministère croula, et le parlement par une conséquence naturelle fut dissout en même temps

Sir Thomas Kittlecourt, comme presque tous les membres qui se trouvaient dans le même cas, accourut en poste dans son canton. Mais ayant été un des soutiens de l'ancienne administration, il y fut reçu avec indifférence; les partisans de la nouvelle avaient déjà agi en faveur de John Featherhead, écuyer, qui avait les meilleurs chiens et les meilleurs chevaux du pays. Parmi ceux qui avaient arboré l'étendard de la révolte, était Gilbert Glossin greffier et agent du lord d'Ellangowan. Cet honnête homme avait sans doute éprouvé quelque refus de l'ancien membre, ou ce qui revient au même, il en avait obtenu tout ce qu'il pouvait en attendre ; aussi jeta-t-il les yeux d'un autre côté dans l'espoir de nouvelles faveurs. Les biens d'Ellangowan donnaient un vote à M. Glossin, comme nous l'avons déjà observé, son patron en eut un aussi, parce qu'il n'y avait pas de doute qu'il embrasserait le parti dominant. L'agent n'eut pas de peine à persuader à M. Bertram qu'il lui serait avantageux de se montrer à la tête d'un nombreux parti. Ils se mirent immédiatement à l'ouvrage, rassemblant des votes, comme les gens de la loi d'Ecosse savent si bien le faire, hachant et subdivisant les propriétés de cette ancienne et autrefois puissante baronie. A force de couper et de rogner d'un côté, d'ajouter et d'aggrandir de l'autre les biens que les Ellangowan tenaient de la couronne, il s'avança le jour du combat, à la tête de dix nouveaux votans à parchemins, comme s'ils lui avaient toujours prêté foi et hommage. Ce puissant renfort décida la victoire en faveur de Sir John. Le seigneur et son agent en partagèrent l'honneur, mais le dernier en eut tout le profit. M. Gilbert Glossin fut fait greffier de la justice de paix, et Godfroy Bertram vit son nom inscrit parmi les juges qui furent nommés après l'ouverture du parlement.

C'était le *nec plus ultrà* de l'ambition de M. Bertram, non qu'il aimât les embarras et la responsabilité de cette place; mais il pensait que c'était une dignité qui convenait à son rang, et que ce n'était que par un excès d'injustice qu'il en avait été éloigné. Un proverbe écossais dit: *Ne laissez pas un bâton à un fou.* M. Bertram ne fut pas plutôt investi du pouvoir judiciaire, objet d'une si longue attente, qu'il commença à l'exercer avec plus de sévérité que de douceur, et effaça l'opinion qu'on s'était formée de la bonté de son caractère. Nous avons lu quelque part, qu'un juge de paix ayant reçu sa nomination, écrivit à un libraire pour lui demander le recueil des loix concernant sa charge, une lettre pleine de fautes d'orthographe. M. Bertram ne fut pas sans doute aussi ignorant, mais il se servit avec aussi peu de discernement de l'arme qui avait été remise entre ses mains.

Il considéra sérieusement la commission qui lui venait d'être confiée, comme une marque personnelle de la faveur du souverain, oubliant qu'il n'avait attribué qu'à l'intrigue ou à la cabale son éloignement des honneurs et des privilèges. Il ordonna à son fidèle aide-de-camp, Dominie Sampson, de lire à haute voix sa nomination. Dès les premiers mots : Il a plu au Roi de nommer...... Il lui a plu ! s'écria-t-il, dans un transport de reconnaissance, il lui a plu ! le brave homme ! je suis bien sûr qu'il n'a pas eu plus de plaisir que moi.

Ne voulant pas borner sa reconnaissance à de simples exclamations de gratitude, il résolut de la prouver en déployant une grande activité dans l'exercice de ses fonctions judiciaires. *Nouveau balai*, dit-on, *fait maison nette*. Je puis moi-même rendre témoignage de la vérité de ce proverbe, j'ai vu les anciennes araignées, dont plusieurs générations avaient successivement filé leurs toiles sur les rayons inférieurs de ma bibliothèque qui ne contenaient que des livres de jurisprudence et de théologie, emportées par le balai impitoyable d'une nouvelle domestique. Le lord d'Ellangowan commença sa réforme aux dépens d'une association de filous et de vagabonds qui étaient ses voisins depuis près d'un demi siècle. Il opéra des merveilles, comme un second duc Humphrey ; par la vertu de sa baguette de juge, il fit marcher les boiteux, parler les muets, voir les aveugles, et travailler les paralytiques. Il poursuivit sévèrement les braconniers, les dévastateurs des étangs, des vergers et des colombiers. Aussi se trouva-t-il digne des applaudissemens des magistrats, et il acquit la réputation d'un juge actif et intègre.

Tout bien est quelquefois mêlé de mal. Plus les abus sont anciens, plus l'on doit user de prudence en les déracinant. Le zèle de notre digne ami plongea dans la plus profonde détresse des malheureux qu'une longue habitude de mendier rendait inhabiles à toute espèce de travail, ou qui par une véritable incapacité étaient devenus les objets de la pitié publique; le vieillard qui depuis vingt ans faisait une ronde régulière dans le voisinage, et recevait ce qu'on lui donnait plutôt comme une marque d'amitié que comme une charité, fut envoyé comme un mendiant dans la maison de travail; la femme décrépite qui, appuyée sur son bâton, se traînait de porte en porte comme un mauvais shelling que chacun s'empresse de renvoyer son voisin; la vieille cul-de-jatte qui appelait aussi haut ceux qui la portaient, et plus haut même qu'un voyageur qui demande des chevaux de poste, subirent la même réclusion; le vieux Jock, moitié fripon, moitié imbécille, qui depuis presque un siècle servait de jouet aux générations successives des enfans du village, fut renfermé au Bridewel du comté, où privé du bon air et de la vue du soleil, il languit et mourut au bout de six mois; le vieux marin qui avait fait si long-temps les délices des cabarets en chantant *le capitaine Ward* et *l'intrépide Amiral Benbow*, fut banni du comté par la seule raison qu'il avait l'accent irlandais; enfin, les visites annuelles des petits colporteurs furent abolies, tant ce juge sévère fut outré dans son zèle pour l'administration de la police rurale.

Tous ces changemens ne se firent pas sans exciter des murmures. Nous ne sommes faits ni de bois ni de pierre, et nous tenons autant à nos habitudes que le lichen et la mousse aux rochers sur lesquels ils ont pris racine; la femme du fermier regrettait l'occasion de déployer son intelligence, et peut-être de distribuer en guise d'aumônes des poignées de gruau d'avoine au mendiant qui lui apportait des nouvelles; la chaumière souffrait de la disette des petits articles que lui procure le trafic des marchands ambulants; les enfans n'avaient plus ni bonbons ni joujoux, les jeunes femmes manquaient d'épingles, de rubans, de peignes et de chansons, les vieilles ne pouvaient plus troquer leurs œufs contre du sel et du tabac. Toutes ces circonstances firent tomber l'infatigable lord d'Ellangowan dans un discrédit d'autant plus extraordinaire que sa popularité avait été plus grande. L'ancienneté de son nom servait encore à le condamner. « Il n'est pas étonnant, pensait-on, que Greenside, Burnville ou Viewforth agissent ainsi, ce sont des étrangers; mais Ellangowan dont le nom est connu depuis plus de mille ans, opprimer le pauvre de cette manière! On appelait son grand-père le mauvais lord: mais quoiqu'il fréquentât mauvaise compagnie, et qu'il bût souvent outre mesure, nous aurait-il traité avec tant d'ignominie? Non, non, dans sa grande cheminée brûlait toujours un grand feu: de son temps, on trouvait autant de pauvres gens à manger dans la cour ou à la porte, que de nobles dans le salon. Et Milady, la veille de la Noël, donnait tous les ans douze sols d'argent aux malheureux en l'honneur des douze apôtres. On disait que c'était une papiste : il serait à désirer que nos seigneurs d'aujourd'hui prissent des leçons des papistes d'alors. Et si pendant le cours de la semaine, les pauvres gens étaient quelquefois maltraités, ils étaient au moins certains de recevoir le samedi soir une piece de six sols. »

Telles étaient les réflexions que l'on faisait dans les cabarets à deux ou trois milles d'Ellangowan ; car c'était là l'étendue qu'éclairait la lumière juridique de notre ami Godfroy Bertram, écuyer, J. P. Cependant une carrière plus vaste fut ouverte aux mauvaises langues, par l'expulsion d'une colonie d'Egyptiens, établie depuis bien des années sur le domaine d'Ellangowan. Le lecteur a déjà fait connaissance avec un des membres les plus marquans de cette tribu.

CHAPITRE VII.

Venez, princes du sang, chefs de déguenillés,
Toi, *Prigg*, puissant seigneur, vous tous mal
 habillés,
Jarkman ou *Patrico*, *Cranke* ou *Clapper-Dudgeon*,
Je m'adresse à vous tous, quel que soit votre nom.

Le buisson du mendiant.

Quoique le caractère de ces tribus égyptiennes qui inondaient autrefois une grande partie de l'Europe et qui forment encore un peuple distinct soit assez connu, le lecteur me pardonnera une courte digression sur leur situation en Ecosse.

On sait que l'un des anciens souverains de ce royaume les avait reconnus comme une caste indépendante et séparée; mais qu'ils furent moins favorablement traités par une loi subséquente, qui rendit le nom égyptien synonyme, dans la balance de la justice, de celui de voleur, et qui prescrivait contre eux des punitions en conséquence. Malgré la sévérité de cette ordonnance la colonie prospéra au milieu de la détresse du pays, et s'accrut considérablement de ceux que la famine, l'oppression ou les fléaux de la guerre, avaient privés de leurs moyens d'existence. Ils perdirent par cet alliage leur caractère primitif, et devinrent une race mêlée, qui ajouta au vagabondage, au vol, à la paresse qu'elle tenait de ses pères, la férocité des hommes du nord qui se joignirent à elle. Ils voyageaient par bandes, soumises à des règlemens qui assignaient à chacune d'elles un district particulier. La moindre incursion dans les terres habitées par une autre tribu, produisait des querelles sanglantes.

Il y a près d'un siècle que le patriote Fletcher de Saltoun a fait la peinture des mœurs de ces bandits. Nos lecteurs en liront quelques passages avec étonnement.

« Il y a en ce moment en Écosse, indépendamment d'un grand nombre de familles malheureuses qui ne vivent que des charités de l'église, ou dont la vie est abrégée par la mauvaise nourriture, deux cent mille individus qui vont mendier de porte en porte. C'est un lourd fardeau pour un pays aussi pauvre qui n'en retire aucune utilité. Quoique les calamités du temps aient porté leur nombre au double de ce qu'il était autrefois, il y a toujours eu près de cent mille de ces vagabonds qui n'ont jamais obéi aux lois civiles, ni aux lois divines, et qui ne connaissent pas même la loi naturelle. Aucun magistrat n'a pu découvrir ou constater le nombre de leur naissances et de leurs décès. On est cependant certain qu'ils commettent entr'eux beaucoup de crimes. C'est un fléau pour les pauvres paysans, qui sont sûrs d'être maltraités, s'ils ne donnent pas du pain et d'autres provisions à des bandes composées de plus de quarante individus. Ils pillent même les granges isolées. Dans les années d'abondance, ils se réunissent par milliers dans les montagnes et y passent plusieurs jours dans les festins et les orgies. On en rencontre toujours dans les mariages, les marchés, les enterremens, et dans toutes les fêtes publiques ; on les voit, hommes et femmes, boire, danser, chanter, jurer, blasphémer et se battre même entr'eux. »

Malgré l'effrayant tableau que présente cet extrait, et quoique Fletcher lui-même, cet énergique et éloquent ami de la liberté, croie que le seul moyen de réprimer ces désordres, soit de les assujettir à une espèce de servitude domestique; le temps, l'accroissement du pouvoir des loix et l'augmentation des moyens d'existence, ont beaucoup diminué ce fléau, et l'ont renfermé dans des bornes plus étroites. Les tribus d'égyptiens ou bohémiens, noms sous lesquels ces vagabonds sont connus, sont ou détruites ou considérablement affaiblies. Mais il en reste assez pour causer des alarmes et des vexations. Ils exerçaient exclusivement quelques métiers grossiers: eux seuls faisaient des assiettes de bois, des cuillers de corne; ils étaient encore chaudronniers et fabriquaient la poterie pour le peuple. Tels étaient leurs moyens connus d'existence. Chaque tribu avait un lieu de réunion, qu'ils considéraient comme leur camp, et dans le voisinage duquel ils s'abstenaient de déprédations. Plusieurs d'enti'eux possédaient des talents agréables, la plupart cultivaient la musique avec succès, et c'était parmi les Egyptiens que se trouvait le joueur de violon ou le joueur de flûte favori de la contrée. D'autres excellaient dans toutes sortes de jeux surtout pour leur adresse à la chasse et à la pêche Dans l'hiver les femmes disaient la bonne aventure, les hommes fesaient des tours de passe-passe ; et charmaient ainsi les loisirs du fermier dans les longues veillées et les jours d'orage. Leur caractère indomptable et ce mépris orgueilleux de tout travail régulier inspirait une certaine terreur, que la réflexion ne faisait qu'accroître, surtout lorsqu'on pensait qu'aucune crainte humaine ou divine ne les empêchait de tirer une vengeance désespérée de ceux qui les avaient offensés. Ils étaient en un mot les *Parias* de l'Ecosse, vivant comme ces indiens sauvages au milieu des comptoirs européens, et ne suivant que leurs propres coutumes, leurs usages et leurs opinions, au lieu de se conformer aux loix de la société policée. Il en reste encore quelques hordes. Sont-ils poursuivis, ils se réfugient dans des lieux ignorés, ou changent de juridiction. Les traits de leur caractère sont loin d'être adoucis ; mais leur nombre est tellement réduit, qu'au lieu de cent mille qu'en comptait Fletcher, il serait difficile d'en rassembler cinq cents dans toute l'Ecosse.

Une de ces tribus, dont Meg Merrilies faisait partie, était depuis long-temps stationnaire, autant que ses habitudes vagabondes le permettaient, sur les terres d'Ellangowan. Ils y avaient construit quelques cabanes qu'ils appelaient leur *cité de refuge* ; et, quand leurs excursions ordinaires ne les retenaient pas ailleurs, ils y vivaient aussi paisibles que les corbeaux qui faisaient leur nid sur les vieux frênes qui les ombrageaient. Ils les habitaient depuis si long-temps, qu'ils s'en considéraient comme les propriétaires. Les services qu'ils avaient rendus aux lords d'Ellangowan, dans leurs guerres avec les barons voisins et surtout en infestant et pillant les terres de leurs ennemis, leur avaient mérité leur protection. Leurs services étaient maintenant d'une nature plus pacifique. Le femmes tricotaient des mitaines pour Milady et des bas de botte pour Milord, présens qu'on leur offrait en grande cérémonie, le jour de la Noël. Les vieilles sybilles bénissaient le lit nuptial du Lord le jour de son mariage, et le berceau de son héritier le jour de sa naissance. Les hommes raccommodaient les porcelaines cassées de Milady, suivaient Milord dans ses parties de chasse, dressaient ses chiens courants et coupaient les oreilles de ses bassets. Le tribut des enfans était des framboises qu'ils cueillaient dans les bruyères, des noix dans les bois, et des champignons dans les prés. Ces hommages et ces services volontaires trouvaient leur récompense dans la protection qu'on leur accordait en certain cas, la tolérance qui fermait les yeux sur leurs actions, et les restes des repas qu'on leur distribuait dans les fêtes avec un surcroît de bière et d'eau-de-vie. Cet échange mutuel de bons offices continué pendant plus de deux siècles donnait aux habitans de Derncleugh (nom de la cité de refuge) le privilège d'habiter sur les domaines d'Ellangowan. — Ce sont mes bons amis, disait le Lord actuel qui les avait souvent protégés dans leurs démêlés avec la justice. Mais cette amitié était sur le point de se rompre pour jamais.

La communauté de Derncleugh s'occupait très-peu de ce qui arrivait aux voleurs qui n'étaient pas de sa tribu, et ne concevait aucune alarme de la sévérité que le juge déployait contre les autres vagabonds. Ils se persuadaient qu'il ne souffrirait d'autres mendiants que ceux qui résidaient sur ses terres, et qui exerçaient leur métier en vertu de son approbation expresse ou tacite. L'intention de M. Bertram n'était pas de faire sentir le poids de sa nouvelle autorité sur ce vieil établissement; mais il y fut entraîné par les circonstances.

A l'assemblée des assises, un gentilhomme d'une opinion opposée à la sienne lui reprocha publiquement que, tandis qu'il affectait un grand zèle pour la police et qu'il paraissait ambitieux de la réputation d'un magistrat actif, il nourrissait une tribu des plus grands bandits de la contrée et l'autorisait à demeureur à un mille de son château. Le reproche était trop bien fondé pour qu'on pût y répondre. Aussi le Lord dévora l'affront en silence, et en retournant chez lui il rêva aux moyens de se débarrasser de ces vagabonds qui imprimaient une tache à sa renommée. Il avait résolu de saisir la première occasion de rompre avec les Parias de Derncleugh, lorsqu'elle se présenta d'elle-même.

Depuis que notre ami avait été élevé au poste éminent de juge de paix, il avait fait fermer et repeindre à neuf la grande porte de son avenue, que son hospitalité avait jusqu'alors tenue ouverte à tout le monde. Des pieux entrelacés de genets épineux bouchèrent les ouvertures par où les enfans des bohémiens se glissaient dans le parc pour y dénicher les oiseaux, les vieillards pour abréger leur chemin, les jeunes gens et les filles pour s'y donner leur rendez-vous. Mais ces beaux jours touchaient à leur fin. Une inscription, *Par ordre de la police on ne passe point ici*, avait été placée sur un des côtés de la porte, sur l'autre côté était son pendant qui prévenait que si l'on violait l'ordonnance, il y avait des trapes profondes, des fusils à ressort et autres pièges si redoutables, disait un emphatique *Nota benè*, que si un homme y entrait, ils casseraient la jambe d'un cheval.

Malgré ces terribles menaces, six garçons et autant de filles des bohémiens, assez grands, furent trouvés à cheval sur la porte neuve, occupés à faire des bouquets qui avaient été évidemment cueillis dans l'enceinte interdite. Le Lord, avec toute la colère dont il pouvait être susceptible, leur ordonna de descendre de suite ; ils ne lui obéirent pas ; il les tira rudement pour les faire tomber, mais ces enfans basanés se tinrent parfaitement en équilibre, ou remontèrent aussi promptement qu'ils étaient descendus.

Le Lord appela à son aide un insolent valet qui armé d'un long fouet, fit de suite évacuer la place. Ce fut le premier acte d'hostilité qui troubla la paix entre le château d'Ellangowan et les égyptiens de Dernclough.

Ces derniers furent long-temps à se persuader que la guerre leur était déclarée, et ils n'en furent convaincus que lorsqu'ils virent leurs enfans fortement étrillés quand on les trouvait dans le parc, leurs ânes confisqués lorsqu'on les voyait paître dans les champs, ou même sur les bords des chemins, et le constable s'informer de leur manière de vivre, et exprimer son étonnement de voir des hommes dormir tout le jour dans leurs cabanes et s'absenter toute la nuit.

Lorsque les choses en furent à ce point, les Egyptiens ne se firent pas scrupule de rendre guerre pour guerre. Le poulailler du château fut dévasté, on vola le linge étendu sur les cordes pour être séché ou dans les prés pour être blanchi, on pêcha les poissons des bassins, on enleva les chiens, on coupa les jeunes plants, et on dépouilla les vieux arbres de leur écorce. De l'autre côté des mandats d'arrêt furent décernés, ordre fût donné de les poursuivre, de les saisir et de les emprisonner. Malgré leur adresse plusieurs furent arrêtés, l'un deux jeune homme robuste fut embarqué, deux enfans furent fouettés jusqu'au sang, et une de leurs vieilles sybilles fut renfermée dans la maison de correction.

Cependant les Egyptiens ne pensaient pas encore à abandonner des lieux qu'ils habitaient depuis si long-temps, et il répugnait à M. Bertram de les chasser de leur antique cité de refuge. Ainsi cette petite guerre continua pendant plusieurs mois sans augmenter ni se ralentir.

CHAPITRE VIII.

Voyez l'indien cuivré du lac Ontario !
Dès qu'il voit s'élever auprès de l'Ohio
Le redoutable fort que des mains étrangères
Ont construit sur le sol où vécurent ses pères,
Il fuit, il va chercher un asyle ignoré,
Où les pas des humains n'ont jamais pénétré.

Scènes de l'enfance.

En traçant la naissance et les progrès de la guerre des marrons d'Ecosse, nous ne devons pas oublier de dire que les années s'écoulaient, et que le petit Harry Bertram, un des plus espiègles et des plus aimables enfans qui aient jamais badiné avec une petite épée ou porté un bonnet de grenadier de carton, approchait du jour où se terminait sa cinquième année. Une hardiesse précoce en avait déjà fait un petit coureur. Il connaissait tous les sentiers d'alentour, et pouvait dire dans quels endroits croissaient les plus jolies fleurs, ou dans quel bois les noix étaient les plus mûres,

mûres, il effrayait ceux qui le gardaient par sa témérité à grimper jusqu'au plus haut des tours du vieux château, et avait déjà fait plus d'une course jusqu'au hameau des égyptiens.

Dans ces occasions il était ramené par Meg Merrilies qui n'avait pu se résoudre à rentrer au château, parce que l'égyptien qui avait été mis sur un vaisseau était son neveu ; mais son ressentiment ne s'étendait pas jusqu'à l'enfant. Au contraire, elle allait toujours à sa rencontre, lui chantait une chanson égyptienne, le faisait monter sur son âne et mettait dans sa poche un morceau de pain d'épice ou une pomme sauvage rouge. L'ancien attachement de cette femme pour la famille des Ellangowan repoussé d'un côté, se plaisait à trouver un objet sur lequel il pût se reposer. Elle prédit cent fois que le jeune Henry serait l'orgueil de la famille; que depuis la mort d'Arthur Mac-Dingawaie, tué à la bataille de Bloody Bay, ce vieux tronc n'avait pas poussé une telle branche; car pour la branche actuelle,

elle n'était bonne que pour le feu. Une fois que l'enfant était malade, elle passa toute la nuit sous sa fenêtre à chanter un charme qu'elle croyait un fébrifuge souverain, et l'on ne put l'engager ni à entrer au château ni à abandonner son poste, jusqu'à ce que la crise fût passée.

L'affection de cette femme donna des inquiétudes, non au Lord qui ne soupçonnait jamais le mal, mais à sa femme dont l'esprit était aussi borné que la santé était faible. Fort avancée dans une seconde grossesse, elle ne pouvait sortir; la gouvernante de son fils, jeune et légère, ne lui inspirant pas une grande confiance, elle pria Dominie Sampson de veiller sur l'enfant ou de l'accompagner dans ses promenades. Dominie aimait son jeune élève, et était enthousiasmé de ses propres succès, car il était déjà parvenu à lui faire épeler des mots de trois syllabes. Il ne pouvait supporter l'idée que ce prodige d'érudition pût être enlevé par les bohémiens comme un second Adam Smith; il se chargea donc volontiers de cette tâche quoiqu'elle fut contraire à ses habitudes. Rien n'était plus risible que de voir Dominie, calculant dans sa tête un problême de mathématique, les yeux fixés sur un enfant de cinq ans dont les gambades le mettaient souvent dans les situations les plus grotesques. Deux fois il fut poursuivi par une vache en furie ; un jour il se laissa tomber dans un ruisseau en le traversant sur des pierres placées de distance en distance ; une autre fois il s'enfonça dans la boue d'un marais pour y cueillir un lis d'eau pour le jeune lord. Les matrones qui l'en retirèrent, disaient qu'il valait autant confier l'enfant à un mangeur de pommes-de-terre, voulant désigner un cochon. Mais le bon Dominie supportait toutes ses tristes aventures avec un sérieux et un sang-froid imperturbables. *Pro-di-gi-eux* était l'unique exclamation qu'on eut entendu sortir de la bouche de cet homme patient.

Vers cet époque le Lord s'était enfin déterminé à chasser les Marrons de Derncleugh. A cette nouvelle les vieux domestiques secouèrent la tête, et Dominie

Sampson se hasarda même à faire une remontrance indirecte, qui se borna à cette phrase : *Ne moveas Camerinam*. Mais ni l'allusion ni la langue dans laquelle elle était exprimée ne produisirent le moindre effet sur M. Bertram et l'on procéda contre les Egyptiens avec toute la sévérité des lois. Toutes les portes du hameau furent marquées par un huissier comme un dernier avertissement d'en sortir. Ils ne firent aucune démonstration d'obéissance. Enfin le jour fixé, la fatale fête de Saint-Martin, arriva, et des mesures violentes furent ordonnées contr'eux. Une troupe d'officiers de paix suffisante pour rendre toute résistance inutile, intimèrent aux habitans l'ordre de partir sur le champ ; ils le méprisèrent. Alors les officiers de paix, aux termes de leur ordonnance, commencèrent à abattre les toits des chaumières et à jeter par terre les portes et les fenêtres : moyen efficace et prompt de chasser un locataire récalcitrant qui est encore en usage dans quelques cantons reculés de l'Ecosse. Les bohémiens regardèrent pendant quelque temps cette destruction avec une froide tranquillité, en gardant un morne silence; puis ils placèrent leur misérable bagage sur leurs ânes et firent tous leurs préparatifs de départ. Ils furent bientôt terminés, car leurs habitudes étaient celles des tartares nomades, et ils partirent pour chercher un nouvel établissement chez un seigneur qui ne fut ni juge ni magistrat.

Une espèce de serrement de cœur avait empêché Ellangowan de présider en personne à l'expulsion de ses anciens vassaux. Il avait confié cette expédition aux officiers de paix sous la direction immédiate de Frank Kennedy, inspecteur ou commis à cheval des douanes, qui avait un accès familier au château, et dont nous parlerons plus au long dans le chapitre suivant. M. Bertram choisit ce jour pour rendre visite à un de ses amis qui résidait à quelque distance; mais malgré cette précaution il ne put éviter ces malheureux exilés.

Ce fut dans un chemin creux, au sommet d'une colline sur les limites du domaine d'Ellangowan, que M. Bertram rencontra la bande égyptienne. Quatre ou cinq hommes formaient l'avant-garde; ils étaient affublés de longs manteaux qui enveloppaient leur maigre et grande taille, tandis que de larges chapeaux rabattus sur leurs sourcils cachaient leurs traits sauvages, leurs yeux noirs et leur teint basané. Deux d'entr'eux étaient armés de longs fusils de chasse, un autre portait un sabre sans fourreau, et tous avaient la dague des montagnards écossais, quoiqu'ils ne fissent point parade de leurs armes. Derrière eux marchaient les ânes chargés du bagage et de petites charrettes qui transportaient les vieillards et les enfans. Les femmes avec leurs jupons rouges et leur chapeaux de paille, les enfans un peu forts, sans bonnets, nus pieds, et presque sans aucun vêtement, prenaient soin de cette caravane. La route était resserrée entre deux bancs de sable élevés; le domestique de M. Bertram poussa son cheval, fit claquer son fouet d'un air d'autorité, en leur ordonnant de céder le passage à ceux qui étaient au dessus d'eux. Ce signal n'ayant pas été écouté, il s'adressa aux hommes qui formaient l'avant garde : — Prenez vos bêtes par la bride, et faites place à milord.

— Il n'aura que sa part de la route, dit un des bohémiens avec son chapeau rabattu et sans montrer son visage, il n'en aura pas davantage ; le chemin est libre pour nos ânes comme pour son cheval.

Le ton de cet homme était ferme et même menaçant. M. Bertram pensa que le parti le plus prudent était de mettre sa dignité de côté, et de laisser passer en paix cette troupe, en se contentant de l'espace étroit qu'on accordait à son cheval. Pour paraître indifférent à ce manque de respect, il s'adressa à un de ces hommes qui passaient près de lui, sans le saluer et sans même avoir l'air de le reconnaître. — Giles Baillie, lui dit-il, savez-vous que votre fils Gabriel est content de sa situation ? (c'était le jeune homme qu'on avait transporté de force sur le vaisseau.)

— Si j'avais appris le contraire, répondit le vieillard, en fixant sur lui un œil sévère et menaçant, vous auriez eu de mes nouvelles ; et il continua sa route sans attendre d'autre question. Lorsque le Lord eut traversé avec quelque difficulté cette troupe dont les figures lui étaient familières et sur lesquelles il ne voyait que douleur, haine et mépris, tandis qu'autrefois il n'y trouvait que respect et affection, il ne put s'empêcher de tourner la tête de son cheval et de jeter un dernier regard sur ce groupe de misérables qui auraient fourni un sujet digne du pinceau de Calot. L'avant garde avait déjà disparu derrière un petit bois touffu au pied de la colline, et graduellement jusqu'au dernier traineur tous se dérobèrent à sa vue.

Son cœur fut froissé par des sensations pénibles. Il est vrai que la race qu'il venait de chasser de son antique asile était fainéante et vicieuse ; mais avait-il entrepris de la rendre meilleure ? Leurs mœurs étaient-elles plus irrégulières que lorsqu'ils étaient considérés et protégés comme les vassaux de sa famille ? La magistrature dont il venait d'être revêtu devait-il changer sa conduite envers eux ? N'aurait-il pas

dû tenter quelques moyens de réforme
avant d'envoyer errer dans les forêts sept
familles entières, et de les priver des faibles
ressources, qui les avaient jusqu'alors em-
pêchés de commettre des crimes? Son cœur
était ému; il ne put retenir quelques larmes, en voyant s'éloigner, sans savoir ce
qu'ils deviendraient, des gens qu'il connaissait si bien. Godfroy Bertram fut d'autant plus accessible à ce sentiment de compassion, que son esprit borné trouvait ses
plus grandes délices à s'occuper des petits
objets qui l'environnaient. Comme il tour-
nait la bride de son cheval pour continuer
sa route, Meg Merrillies qui était restée
en arrière lui apparut inopinément.

Elle était debout sur un de ces monti-
cules qui resserraient le chemin: plus élevée qu'Ellangowan, quoique celui-ci fut
sur son cheval, elle se dessinait sur l'azur
des cieux, et paraissait un être surnatu-
rel. Nous avons remarqué qu'il y avait
dans son costume et dans toute sa manière
de s'ajuster, quelque chose d'étranger,
peut-être pour donner de l'effet à ses ora-

cles ou d'après quelque tradition sur les vêtemens de ses ancêtres. Elle avait roulé ce jour-là autour de sa tête en forme de turban une étoffe de coton rouge, sous laquelle ses yeux noirs brillaient d'un éclat extraordinaire. De longs cheveux de la même couleur en sortaient sans ordre et flottaient sur ses épaules. Son attitude était celle d'une sybille inspirée. Sa main droite étendue tenait un jeune arbre qui paraissait fraîchement arraché.

— Que le diable m'emporte, dit le valet-de-chambre, si elle n'a pas arraché ce jeune plant dans le parc de Dukit. Le lord ne répondit rien ; mais s'arrêta pour considérer ce fantôme suspendu dans les airs.

Suivez votre chemin, dit l'égyptienne, suivez votre chemin, lord d'Ellangowan.... suivez votre chemin, Godfroy Bertram ! Vous avez éteint aujourd'hui le feu de sept foyers, voyez si le feu de votre salon brillera d'une flamme plus vive.... Vous avez abattu le chaume de sept cabanes, regardez si le toît de votre château en sera plus solide.... Vous pouvez renfermer vos

chiens dans les chaumières de Derncleugh ;
voyez si le lièvre n'ira pas se reposer
dans la cuisine d'Ellangowan. Suivez
votre chemin, Godfroy Bertram ! Pourquoi regardez-vous notre tribu fugitive ?
Regardez-les, comptez-les : il y a trente
personnes qui auraient préféré manquer
de pain, plutôt que de vous laisser éprouver le moindre besoin ; qui auraient versé
jusqu'à la dernière goutte de leur sang
avant que votre petit doigt eut souffert la
moindre égratignure ! Oui, voilà trente
personnes, depuis la vieille femme qui
aura cent ans demain jusqu'au petit enfant
qui nâquit hier, que vous avez chassés de
leur asyle pour les envoyer coucher en
plein air.... Suivez votre chemin, Godfroy
Bertram ! Nous portons nos enfans sur
notre dos, voyez si votre fils reposera d'un
plus doux sommeil ; non que je souhaite
du mal au petit Harry ou à l'enfant à naître,
Dieu m'en garde ; rendez les bons envers
les pauvres et meilleurs que leur père....
Maintenant, poursuivez votre route, Godfroy Bertram ! voilà les dernières paroles

que vous entendrez de la bouche de Meg Merrilies, comme voilà la dernière branche que je couperai dans les bois d'Ellangowan.

Elle dit et coupant le jeune arbre qu'elle tenait à la main, elle en jeta les débris sur la route. Marguerite d'Anjou donnant sa malédiction à ses ennemis triomphants, ne put jeter sur eux un regard plus fier et plus méprisant. Le lord élevait déjà la voix pour lui parler, et avait mis la main dans sa poche pour en tirer une demi-couronne; la bohémienne n'attendit ni sa réponse ni son présent, elle descendit rapidement de la hauteur et courut rejoindre la caravane.

Ellangowan revint chez lui tout rêveur et ne parla jamais à sa famille de cette rencontre. Son domestique ne fut pas si réservé; il raconta l'histoire dans la cuisine, devant un nombreux auditoire, et conclut en assurant que si le diable avait parlé par la bouche d'une femme, il avait emprunté dans ce malheureux jour celle de Meg Merrilies.

CHAPITRE

CHAPITRE IX.

Neptune épouvanté voit mille morts cruelles ;
L'eau mugit, l'airain gronde, et le fer a des ailes.

Les intérêts de la douane ne furent pas oubliés pendant l'active magistrature de M. Bertram. Les facilités que donnait l'île de Man rendaient la contrebande presque générale tout le long de la côte sud-ouest de l'Ecosse. Elle était le principal trafic du bas peuple, les seigneurs la toléraient, et souvent les douaniers étaient entravés dans l'exercice de leurs fonctions par ceux qui auraient dû les protéger.

Parmi les inspecteurs ou officiers à cheval alors employés dans le canton se trouvait un certain François Kennedy, dont nous avons parlé dans le chapitre précédent, homme actif, vigoureux, déterminé, fameux par ses nombreuses saisies, et cordialement détesté par les gens intéressés à la contrebande. Quoique fils naturel d'un gentilhomme, il était admis dans la bonne société, parce qu'il était chanteur agréable et convive jovial; il était membre de plusieurs clubs où l'on s'exerçait aux jeux gymnastiques dans lesquels il excellait.

Kennedy allait souvent à Ellangowan, et y était toujours bien reçu. Sa vivacité soulageait M. Bertram du travail de penser et de la peine de discourir trop long-temps sur le même sujet. Le récit des expéditions hardies qu'il avait souvent exécutées rendait sa conversation si agréable au lord d'Ellangowan, que le plaisir que ce dernier trouva à sa société fut une raison suffisante pour protéger et soutenir le précieux narrateur dans les entreprises hasardeuses auxquelles son devoir l'exposait.

—Frank Kennedy, disait-il, quoique du côté gauche, n'en est pas moins un gentilhomme ; il est allié à la famille d'Ellangowan par la maison de Glengubble. Le dernier lord de Glengubble aurait laissé ses biens à la ligne d'Ellangowan, mais il rencontra Miss Jeanne Hadaway en allant à Harrigate; le dragon vert, soit dit en passant, est la meilleure des deux auberges d'Harrigate. Quant à Frank Kennedy c'est un véritable enfant de gentilhomme, et ce serait une honte de ne pas le soutenir contre les contrebandiers.

Leur ligue fut la suite de ces réflexions. Bientôt après Dirk Hatteraick débarqua dans la baie d'Ellangowan une cargaison d'eau-de-vie et autres marchandises de contrebande, et se confiant dans l'indifférence que le Lord avait toujours montrée pour de semblables infractions aux loix, il ne prit pas la peine de cacher son expédition. Il s'ensuivit que Frank Kennedy, armé d'un ordre d'Ellangowan, secondé par plusieurs de ses gens qui connaissaient le pays et par un détachement de soldats, découvrit la cargaison, et après un combat sanglant où maintes blessures furent reçues de part et d'autre, il réussit à s'emparer des marchandises et les fit transporter en triomphe à la douane la plus voisine. Dirk Hatteraick jura en hollandais, en allemand et en anglais, qu'il tirerait une vengeance éclatante du moteur et des auxiliaires, et tous ceux qui le connaissaient pensèrent que ce terrible serment ne tarderait pas à s'accomplir.

Peu de jours après le départ des Egyptiens, M. Bertram déjeûnant avec son épouse, lui demanda si ce n'était pas ce jour-là l'anniversaire de la naissance du petit Harry ?

— Il a aujourd'hui cinq ans, répondi Milady, nous pouvons donc ouvrir le papier du gentilhomme anglais.

— Non, ma chère, non, jusqu'à demain, dit M. Bertram qui dans les choses puériles aimait à faire sentir son autorité, la dernière fois que j'ai assisté aux assises, le shériff nous dit que *dies*.... que *dies inceptus*.... bref, vous n'entendez pas le latin ; mais cela signifie que le jour fixé pour le terme d'une affaire ne commence que lorsqu'il est fini.

— Cela n'a pas le sens commun, mon cher.

— Cela peut bien être, mais il n'est pas moins vrai que c'est d'après les lois. A propos de jours de terme, je voudrais, comme dit Frank Kennedy, que la Pentecôte eût gobé la Saint Martin, car Jenny Cairn me doit les intérêts d'une lettre de change, et, le diable m'emporte, si elle a paru au château; elle ne viendra pas même à la Chandeleur. Quant à Frank Kennedy, il viendra nous voir aujourd'hui; il est allé à Wigton signaler à un vaisseau du Roi qui est à l'ancre dans la baie, que le lougre de Dirk Hatteraick est en vue de la côte; il sera de retour aujourd'hui et nous viderons une bouteille de clairet à la santé du petit Harry.

— Je voudrais, répondit Milady, que Frank Kennedy ne tracassât point Dirk Hatteraick; qui l'oblige à faire tant d'embarras? Pourquoi ne se contente-t-il pas de chanter, de boire et de recevoir ses émolumens comme le collecteur Snail, honnête homme qui n'a jamais fait de la peine à personne? Je m'étonne, milord, que vous vous mêliez de ces affaires. Avions-nous besoin de faire venir l'eau-de-vie et le thé de Borough-town, lorsque Dirk Hatteraick en débarquait paisiblement dans la baie.

10.

— Mistress Bertram, vous n'entendez rien à cela. Convient-il à un magistrat de recevoir dans sa maison des marchandises de contrebande ? Frank Kennedy vous montrera les peines portées par les lois, et vous n'ignorez pas que c'était dans les souterrains du vieux château d'Ellangowan que les contrebandiers déposaient leur cargaison.

— Et quel mal y avait-il, mon cher M. Bertram, d'avoir à notre disposition dans les caves du vieux château quelques barriques d'eau-de-vie ? Le Roi peut-il trouver mauvais que les hommes boivent de l'eau-de-vie, et les femmes prennent leur thé à un prix raisonnable ? C'est une honte qu'on y mette des droits si excessifs. N'étais-je pas charmante avec ces bonnets de dentelles de Flandre que Dirk Hatteraick m'apporta d'Anvers ? J'attendrai long-temps avant que sa Majesté ou Frank Kennedy m'en envoient de si belles. Faudra-t-il que vous ayez encore des querelles avec les contrebandiers comme avec les bohémiens ? Je crains tous les jours qu'ils ne nous jouent quelque tour de leur métier.

— Je vous répète encore une fois, mon amie, que vous n'entendez rien à tout cela.... Mais voici Frank Kennedy qui arrive au galop.

— Fort bien ! fort bien ! Ellangowan, dit-elle en élevant la voix au moment où le Lord sortait, il serait à désirer que vous vous y entendissiez vous même, voilà tout...

Cet entretien conjugal s'étant ainsi terminé, le Lord sortit pour aller au devant de son ami Franck Kennedy qui arrivait tout échauffé. — Pour l'amour de la vie, Ellangowan, montons au vieux château ! Nous verrons le vieux renard Dirk Hatteraick poursuivi par les chiens de Sa Majesté. En parlant ainsi, il jeta la bride de son cheval à un petit garçon, et courut vers la montée du vieux château, suivi du Lord et de plusieurs domestiques alarmés par les coups de canon qu'on entendait distinctement du côté de la mer.

Parvenus à cette partie des ruines qui dominait la perspective la plus étendue, ils virent dans la baie un lougre forçant de voiles, vigoureusement poursuivi par une corvette qui faisait sur lui un feu des plus nourris, auquel le lougre répondait avec non moins d'énergie. — Ils sont encore éloignés, s'écria Kennedy, mais ils vont se serrer de plus près. Ah! ah! il jette sa cargaison à la mer! je vois le bon Nantz jeter l'un après l'autre les tonneaux par-dessus le bord! Ce n'est pas bien de M. Hatteraick; je lui en parlerai, lorsque nous nous verrons.... Bon! bon! Ils ont le vent sur lui... C'est cela.... Courage, mes amis! volez! fondez sur ce coquin!

— Je crois que le douanier est dans le délire, dit le vieux jardinier.

Cependant le combat continuait. L'habile pilote qui dirigeait les manœuvres du lougre employait toute sa science pour échapper à son ennemi; il était près de doubler le cap qui formait le côté gauche de la baie, lorsqu'un boulet ayant abattu la vergue, la grande voile tomba sur le tillac. Le résultat de cet accident paraissait inévitable; mais les spectateurs ne purent s'en apercevoir, car le vaisseau ayant doublé le cap disparut à leurs yeux. La corvette déploya toutes ses voiles pour l'atteindre, mais ayant approché trop près de la côte, elle fut forcée de regagner le large, et de faire un grand détour pour trouver assez d'eau pour ne pas échouer.

— Ils vont perdre la cargaison et le lougre, ou au moins l'un des deux, dit Kennedy; je cours au galop jusqu'à la pointe de Warroch; (c'était le cap dont on a parlé si souvent) et par des signaux, je leur indiquerai le lieu vers lequel le lougre s'est dirigé. Adieu pour une heure, Ellangowan; préparez un large bol pour le punch, et beaucoup de citrons; je me charge de fournir la marchandise française (l'eau-de-vie) à mon retour, nous boirons à la santé du jeune lord un bol dans lequel un collecteur pourrait nager. En achevant ces mots, il s'élança sur son coursier et partit au grand galop.

A un mille de la maison et sur la lisière du bois qui, comme nous l'avons dit, couvrait le promontoire appelé la pointe de Warroch, Kennedy rencontra le jeune Harry Bertram, accompagné de son précepteur Dominie Sampson. L'enfant l'aimait beaucoup, parcequ'il lui contait des histoires, lui chantait des ballades, le faisait sauter et lui promettait souvent de le faire monter sur son cheval. Dès que Henry l'eût aperçu, il lui cria de tenir sa promesse. Kennedy qui ne voyait aucun danger à lui donner ce plaisir, et qui se plaisait à exciter les inquiétudes de Dominie sur le visage de qui il lisait déjà une remontrance, enleva l'enfant de terre, le plaça devant lui et continua sa route. Sampson lui cria : Prenez garde M. Kennedy.... mais ces mots se perdirent, étouffés par le galop de son cheval. Le pédagogue hésita un moment s'il les suivrait ou non ; mais il réfléchit que Kennedy jouissait de toute la confiance de la famille, et comme il aimait peu sa compagnie, parceque, disait-il, il se permettait quelquefois des plaisanteries profanes, il suivit son chemin du même pas jusqu'au château d'Ellangowan.

Les spectateurs qui du haut des murs

ruinés suivaient des yeux la corvette, la virent doubler la pointe de Warroch, après avoir perdu beaucoup de temps, et disparaître derrière le promontoire. Bientôt on entendit des nombreuses décharges d'artillerie, suivies après quelque intervalle d'une explosion semblable à celle d'un vaisseau qui saute en l'air; aussitôt après cette détonation, une épaisse fumée s'éleva au dessus des arbres et se mêla avec l'azur des cieux. Alors chacun s'éloigna agité de sensations diverses, augurant différemment du sort des contrebandiers; mais la plupart pensait que la prise du vaisseau était inévitable, s'il n'avait déjà coulé bas.

— Voici l'heure de notre dîner, dit mistress Bertram à son mari. M. Kennedy viendra-t-il bientôt ?

— Je l'attends à chaque instant, ma chère; peut-être nous amènera-t-il quelques officiers de la corvette.

— Mon dieu, M. Bertram, pourquoi ne pas me prévenir que nous aurions nombreuse compagnie ? j'aurais fait dresser la grande table ronde. Ces messieurs sont rassasiés de viandes salées, et, à vous dire le vrai, un quartier de bœuf est le meilleur morceau de votre dîner. Enfin j'aurais passé une robe plus élégante, et vous-même, croyez-vous qu'une cravatte blanche ne vous siérait pas mieux?... Mais vous ne trouvez du plaisir qu'à me contrarier; je ne puis plus tenir à cette manière d'agir.

— Bah! bah! au diable le bœuf, la robe, la table et la cravatte, tout ira à merveille. Où est Dominie, John? dit-il à un valet occupé à mettre la table, où sont Dominie et le petit Harry?

— Il y a plus de deux heures que M. Sampson est de retour, mais je ne crois pas que M. Harry soit rentré avec lui.

— Henri n'est pas rentré avec lui? dit Milady; faites venir de suite M. Sampson.

— M. Sampson, lui dit-elle, comme il entrait, n'est-ce pas la chose du monde la plus extraordinaire, que vous qui êtes ici logé, nourri, blanchi, et qui de plus recevez douze livres sterling par an, uniquement pour veiller sur cet enfant, vous

le

le perdrez de vue pendant deux ou trois heures ?

Sampson répondait par une profonde inclination toutes les fois que la dame en colère s'arrêtait dans l'énumération des avantages dont on le gratifiait, pour donner plus de poids à ses remontrances. Lorsqu'elle eut fini, il lui dit d'un ton qu'il serait difficile d'imiter que M. Kennedy s'était emparé tout-d'un-coup de M. Henry, en dépit de son opposition.

— Je suis fort peu obligée à M. Kennedy de la peine qu'il s'est donnée, dit Milady d'un air chagrin ; ne peut-il pas le laisser tomber de cheval et me le rendre estropié ? Un boulet de canon ne pourrait-il pas frapper sur le rivage et me le tuer ? ou. . . . .

— Ou peut-être, ma chère, dit Ellangowan, ce qui est plus vraisemblable, ils seront allés à bord de la corvette ou de la prise, et ils doubleront la pointe avec la marée.

— Et ils auront coulé bas, dit la dame en pleurs.

— En vérité, dit Sampson, j'ai cru M.
Kennedy de retour depuis une heure, il
me semble avoir entendu les pas de son
cheval.

— Oui, dit John en ricanant, c'était
Grizel qui ramenait la vache dans l'étable.

Sampson rougit jusqu'au blanc des yeux
non de l'impertinence du valet, qu'il n'é-
tait pas d'un caractère à sentir, mais de
quelque idée sinistre qui frappait son imagination. « J'ai eu tort, dit-il, je devais
attendre l'enfant. » En parlant ainsi, il
prit sa canne et son chapeau et se précipita
du côté de la pointe de Warroch ; jamais
ni avant ni après cette époque on ne le vit
marcher avec une telle rapidité.

Le lord demeura quelque temps avec son
épouse pour la tranquilliser sur cet événement. Enfin la corvette reparut ; mais loin
d'approcher de la côte, elle faisait ovile
vers l'ouest et bientôt on la perdit de vue.
Milady était si souvent dans un état d'agitation et de crainte, que le Lord s'inquié-
tait peu de ses frayeurs ; mais lorsqu'il vit que
la même anxiété régnait parmi ses domes-

tiques, il en fut alarmé, surtout quand l'un d'eux l'eut appelé hors du salon pour lui dire en particulier que le cheval de M. Kennedy était revenu seul à l'écurie, la selle sous le ventre et la bride rompue; qu'un fermier leur avait appris que le lougre contrebandier brûlait comme une fournaise de l'autre côté de la pointe de Warroch, et qu'il n'avait aperçu en traversant le bois ni M. Kennedy, ni le petit Harry; mais seulement Dominie Sampson, courant comme un insensé pour les chercher.

La confusion fut générale au château. Le Lord et tous ses domestiques, hommes et femmes, se rendirent en toute hâte dans le bois de Warroch. Soit par attachement, soit par curiosité, les paysans du voisinage se joignirent à eux. Des canots furent mis à la mer pour visiter l'autre côté du promontoire, un soupçon vague, trop affreux pour qu'on osât l'exprimer, s'étant élevé, que l'enfant pourrait bien s'être précipité du haut des rochers dont la côte était hérissée.

Le jour finissait lorsqu'on se dispersa

dans les divers sentiers du bois pour chercher Kennedy et le jeune lord. La nuit qui devenait de plus en plus obscure, le sifflement aigu du vent à travers les branches dépouillées, le froissement des feuilles sèches qui jonchait la terre, les cris prolongés qu'on poussait dans l'espoir qu'ils fussent répétés par les objets de toutes les recherches, tout concourait à donner à cette scène une effrayante sublimité.

Enfin, après avoir parcouru infructueusement les recoins les plus cachés du bois, on commença à se réunir et à se communiquer ses observations. Le malheureux père ne pouvait plus cacher ses angoisses mais elles égalaient à peine le désespoir du pauvre Dominie Sampson. « Que ne suis-je à mort à sa place ! » répétait ce digne précepteur avec l'accent de la douleur la plus profonde. Ceux que ce triste événement n'intéressait pas de si près se livraient à diverses conjectures plus ou moins probables. Chacun donnait son opinion, chacun était à son tour dominé par celle des autres. Les uns disaient qu'ils étaient à bord de la corvette, les autres qu'ils devaient être au village voisin éloigné de trois milles ; tandis que quelques uns se disaient tout bas qu'il ne serait pas extraordinaire qu'ils fussent allés à bord du lougre, dont les débris étaient poussés sur le rivage par la marée montante.

En cet instant s'éleva du rivage un cri si aigu, si perçant, si lamentable, si différent de ceux dont la forêt venait de retentir, que tout le monde fut convaincu qu'il annonçait les nouvelles les plus terribles. Tous y coururent, s'aventurant sans la moindre crainte par des sentiers escarpés qui dans tout autre moment auraient effrayé les plus intrépides ; ils descendirent par une fente de rocher jusqu'au lieu où les gens d'un canot venaient de débarquer. — Par ici, messieurs, criaient-ils, c'est ici ! c'est ici ! Ellangowan fendit la foule assemblée autour de ce lieu fatal, et découvrit l'objet de leur terreur. C'était le cadavre de Kennedy. Au premier abord, il semblait qu'il avait péri en tombant du haut d'un précipice de plus cent pieds de profondeur. Le corps était moitié dans l'eau, moitié sur le rivage; les vagues soulevaient les bras, faisaient flotter les vêtemens, et lui donnaient de loin quelque apparence de mouvement, ce qui fit croire à ceux qui l'aperçurent les premiers, qu'il vivait encore, mais hélas la dernière étincelle de vie était depuis long-temps éteinte.

— Mon fils! mon fils! s'écria le père désespéré, où peut-il être? une douzaine de bouches s'ouvrirent à la fois pour lui donner des espérances que personne ne partageait. Enfin quelqu'un dit: les bohémiens!.... A ces mots, comme frappé d'une lumière soudaine, Ellangowan remonte le rocher, s'élance sur le premier cheval qu'il rencontre et court comme un furieux vers les chaumières de Derncleugh. Il n'y trouva que la désolation et une obscurité profonde. En descendant de cheval pour faire une recherche plus exacte, il broncha contre les débris dispersés des toits abattus par ses ordres; il se ressouvint alors de la prophétie ou de l'anathême de Meg Merrilies : *Vous avez abattu le toît de sept chaumières, voyez si le vôtre en sera plus solide.*

— Rends-moi, rends-moi mon fils ! ramène-moi mon enfant ! tout sera pardonné, tout sera oublié ! criait-il dans une espèce de délire lorsque un rayon de lumière sorti d'une chaumière voisine vint frapper sa vue. C'était celle qu'habitait autrefois Meg Merrilies. Cette lumière qui semblait être celle d'un feu allumé dans un foyer, brillait non seulement par la fenêtre, mais encore à travers les solivaux qui restaient encore.

Il y courut ; la porte était fermée : le désespoir donna à ce père infortuné la force de dix hommes ; il ébranla la porte avec une telle violence, qu'il l'enfonça du premier coup. La chaumière était déserte ; mais on y voyait des preuves d'une habitation récente. Le feu brûlait encore dans le foyer sur lequel était suspendu un chaudron qui contenait quelques alimens. Comme il cherchait de tous côtés quelque chose qui le confirmât dans l'espoir qu'il avait conçu que son fils vivait encore quoiqu'il fut au pouvoir de ce peuple si étrange, un homme entra dans la cabane.

C'était son vieux jardinier. — Oh! mon bon monsieur, dit le vieillard, ai-je donc vécu si long-temps pour voir une nuit si affreuse !.... Venez-vîte au château.

— Mon fils est-il trouvé ? est-il vivant, avez-vous trouvé Harry Bertram ? André, avez-vous trouvé Harry Bertram ?

— Non, monsieur ; mais....

— Ils l'ont donc enlevé ! j'en suis sûr ! André ! ausi sûr que je vis en ce moment. Elle me l'a enlevé.... Je ne quitterai pas ce lieu que je n'aie des nouvelles de mon fils.

— Au nom de Dieu; venez au château, monsieur ! venez au château ! Nous avons envoyé chercher le Shériff, et nous laisserons ici une garde, en cas que les Egyptien retournent ; mais vous.... venez de suite a château, Milady se meurt.

Bertram jeta un regard fixe et stupéfai sur le messager qui lui apportait cette fatale nouvelle, et répeta ces mots: *Elle se meurt*, comme s'il n'en comprenait pas le sens. Il abandonna sa bride au vieillard et pendant le chemin il ne cessait de répéter : « Femme et enfant ! la mère et le fils ! c'est trop ! c'est trop !

Nous ne nous arrêterons pas à décrire la scène déchirante qui l'attendait. La nouvelle du triste sort de Kennedy avait été répandue au château sans aucune précaution, on avait même ajouté, que, sans doute, il avait entraîné le jeune Lord dans sa chute et que le corps plus léger de ce malheureux enfant avait été emporté par les flots.

Ce bruit affreux vint frapper les oreilles de mistress Bertram ; elle était fort avancée dans sa grossesse ; elle ressentit les douleurs d'un accouchement prématuré ; et avant qu'Ellangowan eût recouvré ses sens, il était père d'une fille, et son épouse avait cessé de vivre.

CHAPITRE X.

Hélas! ses yeux hagards sortent de leur orbite;
Tous ses traits font horreur; ses cheveux hérissés,
Son corps froissé, meurtri, ses membres fracassés,
Attestent que le nombre accablant le courage,
Il a dû succomber à leur affreuse rage.

SHAKESPEARE, *Henri IV. Part. I.*

Le Shériff du Comté arriva à Ellangowan à la pointe du jour. Les lois en Écosse assignent à cette magistrature provinciale un pouvoir très étendu; il a le droit d'informer sur les crimes commis dans sa juridiction, de faire arrêter et emprisonner les personnes soupçonnées, etc.

Le gentilhomme qui occupait cette place dans le comté à l'époque de cette catastrophe était bien né et fort instruit; et quoiqu'il ne fut pas exempt de la pédanterie de sa profession, il jouissait de l'estime universelle et de la réputation d'un magistrat aussi actif qu'intelligent. Son premier soin fut d'examiner les témoignages qui pourraient jeter quelque jour sur cet affreux événement, et de dresser un procès-verbal, que la pratique de l'Ecosse a substitué à l'enquête du Coroner. Il résulta des recherches minutieuses du Shériff plusieurs circonstances incompatibles avec l'opinion générale que Kennedy était tombé par accident du haut des rochers. En voici un bref détail.

Le cadavre avait été déposé dans une cabane de pêcheur, sans rien changer à la situation dans laquelle il avait été trouvé Ce fut le premier objet de l'examen du Shériff. Quoique le corps fût horriblement fracassé et meurtri par une chûte aussi terrible; on remarqua une profonde blessure à la tête qui, d'après l'opinion d'un habile chirurgien ne pouvait avoir été faite que par un sabre ou un coutelas. L'expérience profonde du juge découvrit encore d'autres indices suspects. Le visage était livide, les yeux hors de leur orbite, les veines du cou gonflées. Un mouchoir de couleur que l'infortuné portait autour de son cou, loin d'être dans sa position naturelle, était extrêmement lâche, le nœud était déplacé et très-serré, les plis fortement pressés, enfin tout indiquait qu'on s'en était servi pour s'assurer du malheureux et peut-être pour le traîner jusqu'au précipice.

D'un autre côté, la bourse de Kennedy était intacte, et ce qui paraissait encore plus extraordinaire, ses pistolets qu'il portait toujours dans ses expéditions furent trouvés chargés dans sa poche. Cette particularité étonna beaucoup; car il était connu et redouté par les contrebandiers pour son courage et son habileté dans le maniement des armes, qualités dont il avait donné maintes preuves. Le Shériff demanda si Kennedy n'avait pas l'habitude de porter d'autres armes. La plupart des domestiques de M. Bertram se rappelèrent qu'il portait ordinairement un couteau de chasse, mais on ne l'avait pas trouvé sur le cadavre. Ceux qui l'avaient vu le matin de ce jour fatal ne purent affirmer s'il portait ou non cette arme.

Le cadavre n'offrait pas d'autre indice; car

car, quoique les habits fussent dans le plus grand désordre, et ses membres horriblement fracturés, les uns n'étaient que la suite probable, et les autres la conséquence certaine de chûte. Ses mains étaient fortement serrées et remplies d'herbes et de terre, mais ces preuves n'étaient pas suffisantes.

Ensuite les magistrats se rendirent à l'endroit où le corps avait été trouvé; là, ils se firent rendre un compte exact de la situation dans laquelle il était placé par ceux qui l'avaient découvert. Un énorme bloc de rocher semblait avoir accompagné la victime dans sa chûte. - Il était si compacte et si dur qu'il ne s'était presque pas brisé en tombant; de sorte que le Shériff put connaître son poids et savoir de quel côté il adhérait au rocher; il le découvrit facilement par la couleur de la partie qui n'avait pas été exposée à l'air. Ils montèrent ensuite sur l'éminence d'où le roc était tombé. Le sommet ne formait qu'une surface plane avec le fragment, de manière que le seul poids d'un homme était insuffisant pour le détacher, et qu'il avait fallu la force d'un levier ou de deux ou trois hommes réunis. L'épais gazon qui couvrait les bords de l'abyme parraissait avoir été foulé par les talons d'un homme dans les convulsions de la mort, ou qui se débattait avec violence. Les mêmes traces conduisirent le judicieux observateur jusques sur la lisière du bois qui croissait fort près du sommet du précipice.

Avec de la patience et de la persévérance, on suivit les traces jusques dans les taillis les plus fourrés, où l'on n'avait pu passer que dans le dessein de se cacher. Là, ils observèrent des marques évidentes de débats violents entre plusieurs individus ; des branches paraissaient avoir été arrachées par quelqu'un qui entraîné de force s'y serait cramponné, la terre humide et marécageuse portait l'empreinte de pieds de diverses grandeurs, on y voyait aussi quelques traces qu'on pouvait prendre pour du sang humain. Les arbrissaux et les taillis dont on était entouré, paraissaient évidemment avoir cédé sous le poids d'un corps lourd et solide comme un sac de grains, un cadavre, une poute qu'on avait traîné au travers. Près de là était de la glaise blanchâtre mêlée sans doute avec de la marne. Le dos de l'habit de Kennedy était taché de cette couleur.

Enfin à un quart de mille du précipice les traces conduisirent à une clairière dont l'herbe était foulée et souillée de sang, quoiqu'on l'eût à la hâte jonchée de feuilles sèches pour en dérober la vue. D'un côté était le couteau de chasse nud du malheureux, qui paraissait avoir été jeté dans les buissons; de l'autre le ceinturon et le fourreau étaient cachés avec plus de soin.

Le magistrat fit mesurer et examiner avec la plus grande exactitude l'empreinte des pieds marquée en cet endroit. Les unes correspondaient parfaitement aux pieds du malheureux Kennedy; les autres étaient plus grandes, d'autres plus petites, ce qui indiquait que le crime avait été commis par quatre ou cinq hommes au moins. On observa également çà et là les vestiges des pieds d'un enfant; mais comme on n'en vit pas ailleurs, et que le sentier qui traversait le bois de Warroch était contigu, il était naturel de croire que l'enfant s'était échappé dans cette direction pendant la confusion du meurtre. Mais comme on n'en entendit plus parler, le Shériff réunit en un faisceau toutes ces preuves, et il en conclut que Kennedy avait été assassiné, et que ses meurtriers, quels qu'ils fussent avaient en leur pouvoir le jeune Harry Bertram.

On fit toutes sortes de recherches pour découvrir le coupable. Les soupçons planèrent également sur les contrebandiers et sur les Egyptiens. Personne ne doutait du sort du vaisseau de Dirk Hatteraick. Deux hommes qui se trouvaient de l'autre côté de la pointe de Warroch avaient vu le longre tourner vers l'est après avoir doublé le cap, et ils jugèrent à ses manœuvres qu'il avait perdu ses agrès. Peu de temps après il le virent s'arrêter, il en sortit une grande fumée et il devint la proie des flammes. Pendant qu'il était embrasé, ils aperçurent un vaisseau du Roi, paraître de derrière la pointe, toutes ses voiles déployées. Les canons du lougre tiraient d'eux-mêmes à mesure que le feu les gagnait; et bientôt le lougre sauta en l'air avec une détonation épouvantable. La corvette se tenait au large pour sa propre sûreté, et après avoir été témoin de l'explosion, elle se dirigea vers le sud. Le Shériff leur ayant demandé si le lougre n'avait pas mis en mer quelque embarcation, ils ne purent l'affirmer, n'en ayant rien vu. Mais le vaisseau incendié se trouvant entr'eux et le rivage opposé, il était possible que la fumée leur en eut dérobé la connaissance.

Que le bâtiment brûlé fût celui de Dirk Hatteraick, il n'y avait pas à en douter. Il était connu dans ces parages, et on l'attendait à cette époque. Une lettre du commandant de la corvette à qui le Shériff s'adressa, le certifia encore davantage. Il y joignait un extrait de son journal, portant que, à la réquisition de François Kennedy, inspecteur des douanes de S. M. et d'après son avis particulier, il s'était mis en croisière pour surprendre une lougre contrebandier commandé par Dirk

Hatteraick, pendant que Kennedy serait en observation sur le rivage, en cas que Hatteraick, qui était un homme déterminé et proscrit tentât de s'échapper en faisant échouer son bâtiment ; que vers les neuf heures du matin, il découvrit un vaisseau ressemblant à celui qu'il cherchait ; que lui ayant donné la chasse et lui ayant fait inutilement des signaux pour qu'il hissât son pavillon ou qu'il amenât, il fit feu sur lui ; que le vaisseau poursuivi déployant les couleurs de Hambourg, lui rendit sa bordée ; qu'alors il s'engagea un combat acharné qui durait depuis trois heures, lorsque le lougre, près de doubler la pointe de Warroch, eut sa grande vergue abattue, et fut désagréé ; que la corvette s'étant trop approchée du rivage, fut obligée de courir deux bordées pour doubler la pointe ; qu'alors il vit le lougre en feu et probablement abandonné par son équipage, que le feu ayant gagné des tonneaux de vie et autres matières combustibles placés à dessein, l'incendie devint si violent, qu'on fut obligé de s'éloigner pour éviter les canons que la chaleur faisait partir les uns après les autres. Le capitaine ne doutait pas que les contrebandiers n'eussent mis à dessein le feu à leur vaisseau, et qu'ils ne se fussent échappés dans leurs embarcations. Il s'était donc dirigé après l'explosion du lougre, vers l'île de Man, pour couper la retraite aux brigands, qui après s'être cachés un jour ou deux dans les bois, saisiraient probablement la première occasion favorable pour se réfugier dans cet asyle. Mais il n'était nullement instruit de leur sort.

Tel fut le rapport de William Pritchard, capitaine commandant la corvette de sa majesté *le Shark*, qui terminait sa lettre en témoignant le plus vif regret de n'avoir pu s'emparer de ces forbans qui avaient eu l'insolence de faire feu sur le pavillon du Roi, et en assurant que s'il rencontrait jamais Dirk Hatteraick, il le conduirait lui et son vaisseau dans le port le plus voisin pour qu'il répondit aux charges portées contre lui.

Comme il paraissait certain que l'équipage du lougre s'était sauvé, on pouvait facilement leur attribuer la mort de Kennedy, qu'ils avaient dû rencontrer dans les bois, au moment où ils étaient furieux de la perte de leur bâtiment. On pouvait aussi, sans les calomnier, les croire coupables du meurtre de l'enfant, contre le père duquel on savait que Dirk Hatteraick avait proféré les plus horribles menaces.

On objectait contre cette hypothèse, qu'il n'était guères possible qu'un équipage de quinze ou vingt hommes pût éviter les recherches qu'on avait faites immédiatement après la destruction de leur vaisseau ; que quand même ils y fussent parvenus, leurs canots n'auraient pu échapper aux regards ; et que dans une position si précaire, tandis que toute leur retraite leur était pour ainsi dire fermée, il était peu probable qu'ils se fussent accordés pour commettre un crime inutile pour le seul plaisir de la vengeance. Les partisans de cette opinion supposaient que les embarcations avaient été mises à la mer, sans avoir été aperçues par ceux qui étaient témoins de l'incendie du bâtiment, et avaient déjà fait beaucoup de chemin avant que la corvette eût doublé le cap; ou que le feu du *Shark* les ayant détruites, l'équipage avait résolu de sauter avec le vaisseau, plutôt que de se rendre. Ce qui donnait quelque vraisemblance à cette résolution désespérée, c'est que ni Dirk Hatteraick ni aucun matelot de son lougre, tous gens bien connus dans le commerce de la contrebande ne reparurent dans ces parages, et qu'on n'en entendit plus parler dans l'île de Man, où l'on fit d'exactes perquisitions. Mais on ne trouva que le cadavre d'un homme tué sans doute par un coup de canon. On se borna donc à donner le signalement des hommes de l'équipage du lougre, en promettant une récompense à ceux qui parviendraient à en arrêter quelqu'un; cette promesse s'étendait à ceux qui pourraient faire connaître les auteurs du meurtre de Franck Kennedy.

Une autre opinion assez plausible rejetait ce crime sur les anciens habitants de

Derncleugh. On savait qu'ils avaient ressenti profondément la conduite du lord d'Ellangowan envers eux, et qu'ils avaient proféré d'horribles menaces qu'ils étaient capables d'exécuter. L'enlèvement d'un enfant était un crime plus analogue à leurs mœurs qu'à celles des contrebandiers, et Kennedy pouvait avoir été égorgé en le défendant. On se souvenait d'ailleurs que Kennedy était le chef de l'expédition qui les avait chassés de leur cité de refuge, et que des menaces réciproques avaient été échangées entre lui et les patriarches des Egyptiens.

Le Shériff reçut la déposition du père infortuné et de son domestique, sur la rencontre qu'ils avaient faite de la caravane des Egyptiens, lorsqu'ils quittèrent le domaine d'Ellangowan. Le langage prophétique de Meg Merrilies lui inspira des soupçons. Il y avait, dit le Juge, *Damnum minatum*, mal menacé, et *malum secutum*, menace suivie d'exécution. Une jeune femme qui avait été cueillir des noisettes dans le bois de Warroch le jour du fatal événement, assura, sans cependant en oser faire le serment, qu'elle avait vu sortir tout-à-coup d'un taillis, Meg Merrilies ou du moins une femme de sa taille et de son apparence, qu'elle l'appela par son nom, mais que celle-ci disparut sans lui répondre. Cette vague déposition était confirmée par la déclaration d'Ellangowan et de son jardinier, qui témoignaient avoir trouvé du feu allumé dans la cabane abandonnée de la bohémienne. Cependant il n'était pas croyable qu'une femme complice d'un pareil crime ; eut osé retourner le soir même, dans le lieu où elle devait présumer qu'on viendrait d'abord la chercher.

Meg Merrilies fut arrêtée et interrogée. Elle nia fortement qu'elle eut été à Derncleugh ou dans le bois de Warroch le jour de la mort de Kennedy. Plusieurs égyptiens affirmèrent par serment, qu'elle n'avait pas quitté leur campement qui était à dix milles d'Ellangowan. Les sermens leur coûtaient peu ; mais quels autres témoignages pouvait-elle apporter en sa faveur ? Cependant un fait remarquable paraissait évidemment l'inculper. Son bras légèrement blessé par un instrument tranchant, était enveloppé avec un mouchoir d'Harry Bertram. Mais le chef de la tribu déclara qu'il lui avait infligé une *correction* avec son sabre ; elle même et les autres donnèrent la même raison de sa blessure ; quand au mouchoir, la quantité du linge volé à Ellangowan pendant les derniers mois de leur séjour sur ses terres, prouvait assez d'où il pouvait venir, sans charger Meg d'un crime plus horrible.

On observa dans son interrogatoire qu'elle répondait avec indifférence aux questions qu'on lui faisait sur la mort de Kennedy ou du *jaugeur* comme elle l'appelait, mais qu'elle repoussait avec la plus vive indignation le soupçon d'avoir fait du mal au petit Harry Bertram. On la garda longtemps en prison dans l'espoir qu'elle jetterait tôt ou tard quelque jour sur ce sanglant événement, mais elle fut relâchée et expulsée du comté comme vagabonde, voleuse domestique et femme sans mœurs. On ne put découvrir aucunes traces de l'enfant l'enfant. Ce crime après avoir fait tant de bruit, fut considéré comme inexplicable et on en perpétua le souvenir par le nom de *saut du douanier*, qu'on donna au rocher d'où le malheureux Franck Kennedy était tombé ou avait été précipité.

CHAPITRE XI.

> Ce vieillard qui d'un vol agile
> Fuit sans jamais être arrêté,
> Le Temps cette image mobile
> De l'immobile éternité,
> A peine du sein des ténèbres
> Fait éclorre des faits célèbres,
> Qu'il les replonge dans la nuit;
> Auteur de tout ce qui doit être,
> Il détruit tout ce qu'il fait naître
> A mesure qu'il le produit.
>
> J. B. ROUSSEAU, *Ode au Prince Eugène.*

Nous allons franchir d'une seule enjambée l'espace de dix-sept ans, pendant lesquels il ne s'est rien passé de bien remarquable et de particulier à l'histoire que nous racontons. Si le lecteur a déjà vu s'écouler seize années, cet intervalle ne doit pas lui paraître plus long que le temps qu'il a mis à tourner ces feuillets.

C'était dans le mois de novembre, environ dix-sept ans après la catastrophe rapportée dans le dernier chapitre, que pendant une nuit froide et orageuse ; une société était réunie auprès d'un bon feu dans la cuisine des *Armes de Gordon*, à Kippletringan, petite mais agréable auberge tenue par Mistress Mac-Candlish. La conversation de ces personnes m'épargnera la peine de raconter le peu d'événemens qui se sont passés pendant ces quelques années et qu'il est nécessaire de faire connaître au lecteur.

Mistress Mac-Candlish assise dans un grand fauteuil doublé de cuir noir, se régalait avec deux commères ses voisines d'un bol d'excellent thé, sans cesser d'avoir l'œil sur ses domestiques qui allaient et venaient en vaquant à leurs devoirs. Le clerc et chantre de la paroisse fumait à une petite distance sa pipe du samedi soir et buvait de temps en temps un petit coup d'eau-de-vie mêlée avec de l'eau. Le diacre Bearcliff, homme d'une grande importance dans le village, fumait sa pipe et savourant un bol de thé fortifié avec de la bonne eau-de-vie; réunissait les plaisirs des commères et du chantre. Deux ou trois paysans assis à quelque distance buvaient leur aile de deux sous.

— Le salon est-il préparé ? Le feu s'embrâse-t-il bien ? la cheminée ne fume-t-elle point ? dit l'hôtesse à une servante.

Celle-ci répondit affirmativement. — Je ne veux manquer ni d'égards ni de politesse envers eux, surtout dans leur malheur, ajouta-t-elle en se tournant vers le diacre.

— Assurément, mistress Mac-Candlish, assurément ; et s'il leur fallait quelque chose de ma boutique pour sept, huit ou dix livres, je le leur fournirai comme au plus riche du pays. Viennent-ils dans leur vieux carosse ?

— Je ne le crois pas, dit le chantre, car miss Bertram est venue l'autre jour à l'église sur un cheval blanc. Elle est très-pieuse ; c'est un plaisir d'entendre chanter les psaumes à cette jeune et jolie personne.

— Oui, et à son retour du sermon le jeune lord d'Hazlewood l'accompagna jusqu'à moitié chemin, dit une des commères. Je m'étonne comment le vieux Hazlewood souffre cela.

— Je ne sais pas ce qu'il en pense, dit une autre des buveuses de thé, mais il fut un temps où Ellangowan n'eut pas vu de bon œil sa fille avec le jeune Hazlewood.

— Ah! *il fut*.... repliqua la première

— Je suis bien sûre, voisine Ovens, dit l'hôtesse, que quoique les Hazlewood d'Hazlewood fussent une fort bonne et ancienne famille, ils n'auraient jamais cru, il y a seulement une quarantaine d'années, devenir les égaux des Ellangowan.... Savez-vous que les Ellangowan sont les anciens Dingawaie?.... Il y a même sur le mariage de l'un d'entr'eux avec la fille d'un roi de l'île de Man une chanson qui commence ainsi :

<blockquote>Traversant la plaine liquide
Bertram, le cœur rempli d'amour, etc.</blockquote>

M. Skriegh pourrait nous la chanter.

— Bonne femme, dit Skriegh, en ôtant sa pipe de la bouche et avalant avec gravité sa dernière goutte d'eau-de-vie, nos talents nous ont été donnés pour toute autre chose que pour chanter de vieilles chansons profanes la vieille du dimanche. 13.

— Là ! là ! M. Skriegh ; je vous ai entendu chanter des chansons un peu gaillardes le samedi soir. Quant à leur carosse, diacre, il n'est pas sorti de la remise, depuis la mort de mistress Bertram, il y a seize ou dix-sept ans. Jock Jabos est allé les prendre avec ma chaise. Il est étonnant qu'ils ne soient pas encore ici. Ce n'est pourtant que deux pas.... mais il y a deux mauvais passages ; le pont du ruisseau de Warroch est assez bon, pourvu qu'on prenne à droite, et puis, tout près d'ici, n'y a-t-il pas un véritable casse-cou ? Mais Jock connait parfaitement cette route.

Dans ce moment la porte fut ébranlée par un violent coup de marteau.

— Ce n'est pas eux, je n'ai pas entendu la voiture. Grizel, que vous êtes lente, allez donc ouvrir !

— C'est un monsieur tout seul, vint dire Grizel, faut-il le faire entrer dans le salon ?

— Y pensez-vous ? un homme seul.... Ce sera quelque voyageur anglais. Venir à cette heure sans domestique ? Le palefrenier a-t-il pris son cheval ? Allumez-lui un peu de feu dans la chambre rouge.

— Je souhaiterais, madame, dit le voyageur en entrant dans la cuisine que vous me laissassiez chauffer ici, car la nuit est très-froide.

L'abord, la physionomie et les manières de l'étranger, produisirent un effet instantané en sa faveur. Il était d'une taille avantageuse et vêtu de noir, comme il se montra lorsqu'il eut quitté sa redingotte. Il avait de quarante à cinquante ans, les traits graves et intéressans, et l'air d'un militaire. Tout en lui annonçait un gentilhomme. Une longue habitude avait donné à mistress Mac-Candlish un tact délicat pour discerner la condition des voyageurs et c'est d'après ce discernement qu'elle reglait sa conduite envers eux.

De ses hôtes bientôt avec habileté
Elle sait distinguer l'état, la qualité ;
Respectueuse, aisée, agréable ou polie :
— Que désire, monsieur ? — Je suis à vous,
   Dandie.

Dans cette occasion, elle se confondit

en politesse et en excuses. L'étranger l'ayant priée d'ordonner qu'on eût soin de son cheval, elle sortit elle-même pour le recommander.

— On n'a jamais vu de plus beau cheval dans l'écurie des Armes de Gordon, dit le palefrenier; et ce peu de mots la rendit encore plus respectueuse. Sur le refus que fit le voyageur d'entrer dans un autre appartement, qui aurait été froid et plein de fumée jusqu'à ce que le feu eût été allumé, elle s'empressa de le faire placer au coin de la cheminée, et de lui offrir tous les rafraîchissemens que sa maison pourrait fournir.

— Une tasse de votre thé, madame, si vous voulez me faire cette faveur.

Mistress Mac-Candlish se hâta de mettre de l'excellent thé dans sa théière; et le lui offrit de la meilleure grâce du monde.

— Nous avons, dit-elle, un salon fort agréable et très-commode destiné aux gens comme il faut; mais il a été demandé pour cette nuit par un gentilhomme et sa fille qui vont quitter le pays. Une de mes chaises est allée les prendre et les amènera bientôt. Ils ne sont plus aussi bien que ce qu'ils ont été, nous sommes tous le jouet de la fortune.... La fumée du tabac ne serait-elle pas désagréable à votre honneur?

— Pas du tout, madame; un vieux militaire y est depuis long-temps accoutumé. Me permettez-vous de vous faire quelques questions sur une famille des environs?

En ce moment le bruit d'une voiture se fit entendre, et mistress Mac-Candlish courut à la porte pour recevoir les hôtes qu'elle attendait, elle revint un moment après suivie par le postillon qui lui disait:
— Ils n'ont pu se mettre en route, Milord est trop malade.

— Dieu leur soit en aide, dit l'hôtesse, c'est demain le dernier jour qu'ils ont à rester dans leur maison; demain tout sera vendu.

— Ce n'est que trop vrai; mais il ne peuvent venir d'aucune manière; M. Bertram ne peut se remuer.

M. Bertram? dit l'étranger, ce n'est

pas M. Bertram d'Ellangowan, j'espère ?

— C'est lui-même, monsieur; si vous êtes son ami, vous êtes venu dans un fâcheux moment.

— Je ne l'ai pas vu depuis longues années; sa santé est donc bien dérangée ?

— Oui, et ses affaires aussi, dit le Diacre; ses créanciers font vendre tous ses biens. Il y a quelqu'un que cela arrange; je ne nomme personne, mais Mistress Mac-Candlish sait fort bien de qui je veux parler (l'hôtesse fit un signe de tête affirmatif). Ils sont acharnés contre lui. Il me doit bien un petit compte, mais j'aimerais mieux tout perdre, que de chasser ce bon vieillard de sa maison, lorsqu'il est sur le point de mourir.

— Mais, dit le clerc de la paroisse, M. Glossin languit d'expulser le vieux Lord; aussi presse-t-il la vente des biens de peur que l'héritier mâle ne vienne à reparaître; car j'ai ouï dire que s'il y avait un héritier mâle, les biens d'Ellangowan ne pourraient pas s'aliéner, pas même pour payer les dettes du père.

— Il avait un fils qui nâquit il y a déjà plusieurs années, dit l'étranger; il est mort, sans doute.

— Personne ne peut rien en dire, dit le chantre d'un air mystérieux.

— Mort! dit le diacre, et mort il y a long-temps, car depuis près de vingt ans on n'en a plus entendu parler.

— Je vous assure qu'il n'y a pas vingt ans, dit l'hôtesse; il y en aura tout au plus dix-sept à la fin de ce mois; cela fit assez de bruit dans le pays. L'enfant disparut le jour même de la mort de l'inspecteur Kennedy. Si votre honneur connaît ce pays depuis long-temps, elle a pu connaître Frank Kennedy l'inspecteur. C'était un homme aimable, enjoué, qui fréquentait la meilleure société; j'ai bien ri avec lui dans cette maison; j'étais jeune alors, j'étais nouvellement mariée à Baillie Mac-Candlish, qui est mort, hélas! (un soupir). Kennedy était un homme hardi, résolu, pourquoi ne laissait-il pas les contrebandiers en repos : mais il aimait ses aventures périlleuses. Vous saurez, monsieur, qu'il y avait dans la baie de Wigton une corvette du Roi que Kennedy engagea à donner la chasse au lougre de Dirk Hatteraick.... Vous souvenez-vous de Dirk Hatteraick, Diacre? Je crois même que vous étiez en liaison d'affaires (le diacre fit signe qu'oui). C'était un homme courageux, il combattit sur son vaisseau jusqu'à ce qu'il sautât comme des pelures d'oignon dans le feu; et Frank Kennedy qui avait été le premier à monter sur son bord fut jeté à un quart de mille de là au pied d'un rocher de la pointe de Warroch qui depuis lors s'appelle le saut du douanier.

— Et quel rapport tout cela a-t-il avec le fils de M. Bertram, dit l'étranger?

— Ah! monsieur, l'enfant était avec l'inspecteur; l'on croit généralement qu'il vint à bord du lougre avec lui; vous savez que les enfans s'exposent toujours au danger.

— Non, non, dit le diacre, vous n'y êtes pas, Lucie; le jeune lord fut enlevé par la bohémienne qu'on appelait Meg Merrilies;

Merrilies ; je me rappelle sa figure. C'était pour se venger de ce qu'Ellangowan l'avait condamnée à être fouettée par les rues de Kippletringan pour avoir volé une cuiller d'argent.

— Vous me pardonnerez, diacre, dit le chantre, vous en êtes aussi loin que madame.

— Dites-nous donc ce que vous savez de cette histoire, dit l'étranger avec l'air du plus vif intérêt.

— Il est peut-être dangereux de le dire, dit le chantre d'un ton solennel.

Après avoir été vivement pressé de parler, il commença par lancer deux ou trois bouffées de tabac, s'environna d'un nuage de fumée, chercha à éclaircir sa voix par deux ou trois *hem*, et tâchant d'imiter l'éloquence véhémente qui du haut de la chaire tonnait sur sa tête, il commença ainsi sa légende :

— Ce que nous avons à vous raconter, mes frères, pardon, je veux dire mes chers amis, est une chose publique, avérée, qui doit confondre les protecteurs des sorciers, les athées et les autres mécréants de toute espèce. Vous saurez donc que le lord d'Ellangowan n'avait point été exact à purger sa terre des magiciens; il oublia qu'il était écrit: *Tu ne laisseras pas vivre un sorcier*. Son domaine était infesté de gens qui avaient des esprits familiers, qui prédisaient l'avenir, qui jetaient des sorts, des maléfices, comme c'est la coutume des Egyptiens et autres misérables de notre pays. Le lord était depuis trois ans sans avoir d'enfans; il en était si chagrin qu'il crut devoir consulter Meg Merrilies, la sorcière la plus renommée de tout le Galloway et du comté de Dumfries.

— J'avoue qu'il y a quelque chose de vrai là-dedans, dit mistress Mac-Caudlish; me trouvant dans la maison de M. Bertram, je l'ai entendu commander qu'on lui donnât deux verres d'eau-de-vie.

— C'est bon, bonne femme, ne m'interrompez plus. De sorte que Milady devint enceinte et au moment où elle allait accoucher, arrive à la porte du château un vieillard étrangement habillé qui demande à passer la nuit. Sa tête, ses bras et ses jambes étaient nus quoique nous fussions dans la saison la plus rigoureuse, et il avait une barbe grise de trois pieds de long. Bref, on le fit entrer et lorsque Milady fut délivrée, il demanda l'heure précise de la naissance et sortit pour consulter les astres; en rentrant il dit au lord que l'enfant était sous la puissance de l'esprit malin et lui recommanda de le confier à un digne ministre qui le dirigerait dans le chemin de la vertu, et qui prierait avec lui et pour lui. Il disparut à l'instant et personne n'en a plus entendu parler.

— Ceci est un peu fort, dit le postillon qui écoutait la conversation à une distance respectueuse; je commence par demander pardon à M. Skreigh et à la compagnie; il n'y avait pas plus de barbe au menton de ce sorcier qu'il n'y en a au vôtre en ce moment; il avait une bonne paire de gants à ses mains, et les bottes les plus belles que j'aie jamais vues; et je crois que par le temps qu'il faisait, des bottes...

— Chut, Jock, dit l'hôtesse.

— Que sait à ce sujet l'ami Jabos ? dit le chantre d'un ton méprisant.

— Pas grand chose, M. Skreigh; seulement que je demeurais dans une petite cabane au bout de l'avenue d'Ellangowan, lorsque un étranger vint frapper à notre porte la nuit où nâquit le jeune lord; ma mère m'éveilla, moi qui n'étais alors qu'un enfant, pour lui indiquer la porte du château. S'il avait été magicien, aurait-il eu besoin de guide ? Ne s'y serait-il pas transporté tout d'un coup ? C'était un jeune homme bien mis, bien fait, vêtu comme un anglais; je vous répète qu'il avait un bon chapeau, des gants, des bottes, tout comme un gentilhomme. Je suis certain qu'il jeta un coup d'œil de curiosité sur les ruines du vieux château, et j'ai su qu'il les avait visitées. Mais quant à sa disparution, c'est une fable, je lui ai tenu moi-même l'étrier lorsqu'il partit, et je me souviens encore qu'il me donna une demi-couronne. Il était monté sur un cheval appelé Souple-Sam qui appartenait à

Georges de Dumfries : c'était un bai fort et leste que j'ai revu bien des fois depuis.

— Bon, bon, répondit M. Skriegh d'un ton aussi grave mais plus radouci, nos récits n'ont pas une grande différence ; je ne savais pas que vous aviez vu l'homme. Ainsi vous voyez, mes amis, que le sorcier ayant prédit du mal à l'enfant, son père engagea un respectable ecclésiastique à l'accompagner nuit et jour.

— Oui, c'était celui qu'on appelait Dominie Sampson, dit le postillon.

— Ah ! c'est cette espèce de muet, observa le Diacre, qui ne put jamais prononcer cinq mots de son premier sermon, après qu'il eut obtenu ses licences.

— Soit, dit le chantre en étendant la main pour se faire écouter, mais il veillait nuit et jour sur l'enfant. Or, il arriva que lorsque le petit Bertram fût âgé de cinq ans, son père reconnut ses erreurs et résolut de bannir les égyptiens de ses terres ; Frank Kennedy qui était uns homme courageux fut chargé de cette expédition. Il s'en acquitta à merveille malgré les malédictions de la tribu expulsée; Meg Merrilies, toute puissante auprès de l'ennemi du genre humain, lui prédit que dans trois jours il aurait son corps et son ame. Et je le tiens de bonne main, puisque c'est John Wilson le valet de chambre du lord qui me l'a dit; il ajouta que Meg apparut au Lord comme il revenait de Singleside, et lui prophétisa tous les malheurs qui lui sont arrivés. John ne put dire si c'était Meg elle-même, ou si c'était quelque demon qui avait emprunté sa figure, car elle paraissait d'une taille surnaturelle.

— Cela peut-être dit le postillon, je n'ai rien à dire, parceque je n'étais pas alors dans le pays; mais John Wilson était un fanfaron qui n'avait pas plus de cœur qu'une poule.

— Et qu'elle fut la fin de toute cette histoire? dit le voyageur avec quelque impatience.

— Une terrible catastrophe, dit le chantre; tandis que tout le monde regardait le combat engagé entre la corvette du Roi et le lougre contrebandier, Kennedy se loigne brusquement sans qu'on ait pu en savoir la raison ; les cables les plus forts et les plus lourdes chaines n'auraient pu le retenir, il monte sur son cheval et court au grand galop vers le bois de Warroch ; il rencontre en son chemin le jeune Lord et son gouverneur ; il enlève l'enfant, jurant que puisqu'il était ensorcelé, l'enfant devait subir le même sort que lui ; le ministre les suivit aussi loin qu'il put, et il était bon coureur ; il vit la sorcière Meg ou plutôt Satan son maître qui avait pris sa figure, arracher l'enfant des bras du douanier; celui-ci tira son sabre, car c'était un homme de cœur qui ne craignait pas le diable...

— Cela est vrai, dit le postillon.

— Malgré sa résistance, Meg le saisit et le lança comme une pierre par-dessus la pointe de Warroch, au bas de laquelle on trouva son cadavre le soir même. Quant à ce que devint l'enfant, franchement, je ne puis le dire. Mais le ministre d'alors, qui maintenant a une meilleure place, pensait que l'enfant avait été transporté dans l'empire des sorciers, mais seulement pour un temps.....

L'étranger avait souri à quelques endroits de ce récit; mais avant qu'il eût pu répondre, on entendit le bruit d'un cheval, et un domestique élégant, avec une cocarde à son chapeau, entra hardiment dans la cuisine en disant: un peu de place, bonnes gens. Mais apercevant l'étranger, il prit le ton soumis qui convient à un valet et ôtant respectueusement son chapeau, il lui remit une lettre et lui dit: La famille d'Ellangowan est dans la consternation et ne reçoit personne.

— Je le sais, dit son maître. Madame, aurez-vous la bonté de me donner le salon dont vous m'avez parlé, puisqu'il ne sera pas occupé par les hôtes que vous attendiez?

— Certainement, monsieur, dit mistress Mac-Candlish en l'éclairant avec cet empressement qu'une hôtesse active aime à déployer en pareille occasion.

— Jeune homme, dit le diacre au domestique, en lui offrant un verre d'eau-de-vie, ceci ne vous fera pas mal après votre course.

— Non, monsieur, à votre santé.

— Pourrait-on savoir qui est votre maître, mon ami ?

— Qui ? le gentilhomme qui était ici ? C'est le colonel Mannering, si renommé dans les Indes orientales.

— Celui dont les gazettes ont tant parlé ?

— Oui, lui-même ; celui qui a secouru Cuddieborn, Chingalore et vaincu le grand chef des Marattes, Ram Jolli Bundleman. Je l'ai suivi presque dans toutes ses campagnes.

— Dieu nous bénisse ! dit l'hôtesse ; je vais lui demander ce qu'il désire pour son souper. Que pourrai-je lui offrir ?

— Donnez-lui ce que vous avez de meilleur, la mère ; vous n'avez jamais vu d'homme plus sans façon que le colonel Mannering ; cependant on dirait quelquefois qu'il a le diable dans la tête.

La suite de la conversation n'ayant plus rien d'instructif ni d'intéressant pour le lecteur, nous allons avec sa permission l'introduire dans le salon.

CHAPITRE XII.

Mais vous, héros du meurtre, inhumains par fai-
  blesse,
Impatients d'un mot, d'un geste qui vous blesse,
Barbares! vous plongez au cœur de vos amis
Ce glaive réservé pour les flancs ennemis.

LEBRUN.

Le colonel se promenait tout pensif en long et en large dans le salon, lorsque l'officieuse hôtesse y rentra pour lui demander ses ordres. Les lui ayant donnés de la manière qu'il croyait lui être la plus agréable, il la pria de rester un moment.

— Je pense, madame, lui dit-il, s'il faut en croire ces bonnes gens, que M. Bertram a perdu son fils dans sa cinquième année.

— Il n'y a aucun doute à cela, monsieur, quoique il y ait sur cet événement plusieurs versions différentes; car c'est maintenant une vieille histoire que chacun raconte à sa guise au coin du feu, comme nous le faisions tout-à-l'heure. Il n'en est pas moins vrai que l'enfant a disparu dans sa cinquième année, comme le dit votre honneur; et cette triste nouvelle annoncée trop brusquement à sa mère qui était au mal d'enfant, lui coûta la vie, la même nuit. Le lord en a presque perdu la raison; il ne s'est plus mêlé de rien, et quoique sa fille Miss Lucy devenue grande, ait tâché de mettre de l'ordre dans ses affaires, qu'y pouvait-elle, la pauvre enfant ? Il n'était plus temps.... Et maintenant on les chasse de leur maison.

— Vous rapelleriez-vous, madame, à quelle époque de l'année cet enfant disparut ? l'hôtesse après un moment de réflexion répondit qu'elle était sûre que c'était dans la saison présente, et divers souvenirs locaux venant au secours de sa mémoire elle ajouta que ce devait être au commencement du mois de novembre 17..

L'étranger fit deux ou trois tours en silence dans le salon, mais il fit signe à mistress Mac-Candlish de ne pas se retirer encore.

— Est-il bien vrai que les biens d'Ellangowan vont être vendus ?

— Vendus ? ils le seront demain au plus offrant.... demain, non, je me trompe, car c'est dimanche, mais ce sera lundi. Les meubles seront vendus en même temps que le domaine. Tout le pays est persuadé qu'on provoque si honteusement cette vente parce que la guerre d'Amérique est cause qu'il y a peu d'argent en Ecosse, et qu'il y a quelqu'un derrière le tapis qui veut avoir cette belle propriété pour rien. Que le démon s'en empare, s'il m'est permis de parler ainsi !... la colère de la bonne dame s'échauffait en pensant à cette injustice.

— Où se fera la vente ?

— Sur les biens saisis, comme le disent les affiches, c'est à dire, comme je l'entends, au château d'Ellangowan.

— Qui est chargé de montrer les contrats, le plan, les rentes et les titres ?

— Un fort honnête homme, le substitut du Shériff du comté. Il se trouve maintenant dans la ville, si votre honneur désire

le

le voir; il pourra vous donner de grands détails sur la disparution de l'enfant, car le Shériff, son supérieur, se donna bien de mouvemens dans cette affaire.

— Et ce gentilhomme s'appelle...

— Mac-Morlan, homme d'honneur et d'une excellente réputation.

— Faites-lui agréer mes complimens, les complimens du colonel Mannering ; qu'il me fasse l'honneur de venir souper avec moi et qu'il apporte les papiers concernant le domaine. Vous m'obligerez beaucoup, madame, de ne parler de ceci à personne.

— Moi, monsieur ? je n'en ouvrirai jamais la bouche. Je voudrais que votre honneur, (une révérence) un gentilhomme qui a combattu pour son pays (une autre révérence) possédât ce domaine puisque l'ancienne famille en est dépossédée (un soupir), plutôt que de le voir passer dans les mains de cet infâme scélérat de Glossin qui s'est élevé par la ruine de son bienfaiteur. Et, maintenant que j'y pense, je vais prendre ma mante et mes patins et me rendre moi-même chez M. Mac-Morlan, il est chez lui à cette heure, et ce n'est qu'un pas.

— Oui, ma bonne hôtesse, je vous en remercie ; veuillez aussi dire à mon domestique de m'apporter mon porte-feuille.

Quelques minutes après, le colonel Mannering était assis tranquillement devant une table, avec tout ce qui lui était nécessaire pour écrire. Comme nous jouissons du privilège de regarder par-dessus son épaule, nous ferons part à nos lecteurs du contenu de sa lettre. Elle était adressée à Arthur Mervyn, écuyer, à Mervyn-Hall, Llanbraithwaite, Westmoreland. Il commençait par lui raconter les divers événemens qui lui étaient arrivés depuis leur séparation, et poursuivait ainsi :

« Me reprocherez-vous encore maintenant ma mélancolie, Mervyn ? Pensez-vous qu'après vingt ans passés dans les camps, au milieu des combats, couvert de blessures, fait prisonnier, accablé par toutes sortes de malheurs, je puisse être encore ce joyeux, ce vif Guy Mannering qui grimpait avec vous jusqu'au sommet du Skidaw ou chassait les bécassines à Crossfell ? Que vous qui n'avez pas cessé un instant de jouir du bonheur domestique, ayez conservé la même agilité, la même imagination brillante, c'est un heureux effet de votre tempéramment, de votre santé et du cours fortuné de votre vie. Mais ma carrière a été une suite de peines, d'erreurs et de difficultés. Dès mon enfance j'ai été le jouet des événements, et quoique le vent m'ait quelquefois fait entrer dans le port, il ne m'a jamais poussé dans celui que le pilote voulait atteindre. Permettez-moi de vous rappeler en peu de mots la destinée bizarre et opiniâtre de ma jeunesse, et les malheurs de mon âge mûr. »

« Vous savez que si mon enfance n'a pas été des plus fortunées, elle était loin d'être malheureuse. Mon père, fils ainé d'une famille ancienne mais peu riche, me laissa, presque sans autres biens que le titre de chef de la famille, sous la tutelle de deux de ses frères qui jouissaient d'une grande opulence. Je leur étais si cher, que j'étais presque pour eux un sujet de contestation. Mon oncle l'évêque voulait me faire entrer dans les ordres et m'offrait un riche bénéfice ; mon oncle le négociant voulait me placer dans le commerce et me donner un intérêt dans la maison Mannering et Marshal, Lombard-Street. Mais à ces deux siéges, ou plutôt à ces fauteuils commodes de l'église et du commerce, j'eus le malheur de préférer une selle de dragon. L'évêque aurait voulu me marier à la nièce et à la seule héritière du doyen de Lincoln, et mon oncle l'alderman me proposait la fille unique du vieux Sloethorn, ce fameux marchand de vin, qui aurait pu se servir de ses moïdores au lieu de jetons, et faire de longues liasses de ses billets de banque. Je me débarrassai de leurs filets et je me mariai à la pauvre..... Sophie Wellwood.

« Vous me direz que ma carrière militaire dans l'Inde a dû me donner quelque satisfaction ? C'est vrai. Vous me rapellerez que si j'ai trompé l'espérance de mes oncles, je n'ai pas encouru leur disgrâce ? Loin de là, l'évêque en mourant m'a légué sa bénédiction, ses sermons manuscrits et sa curieuse collection des portraits des plus fameux théologiens de l'église d'Angleterre; mon oncle Sir Paul Mannering m'a laissé seul héritier de son immense fortune. Eh! bien, tout cela n'est rien pour moi.... J'ai sur le cœur un poids douloureux que j'emporterai au tombeau et qui empoisonne tous les moments de mon existence. Je vais vous en expliquer la cause plus en détail que je n'eus le courage de le faire sous votre toit hospitalier. Vous en avez sans doute entendu parler, mais peut-être avec des circonstances différentes et sans fondement. Je vais donc vous dire la vérité; mais, je vous en prie, que ce déplorable événement et la profonde mélancolie dont il a pénétré mon ame ne soient plus entre nous un sujet de discussion.

« Sophie, vous le savez, me suivit aux Indes. Elle était aussi innocente que gaie, mais malheureusement pour nous deux, aussi gaie qu'innocente. Le désir de me livrer plus sérieusement à des études que j'avais oubliées m'avait donné des habitudes solitaires qui convenaient peu au chef d'un régiment, surtout dans un pays où une hospitalité universelle est offerte et attendue par tout homme comme il faut. Dans un moment où les hommes nous manquaient (et vous savez combien il est difficile dans les Indes de se procurer des visages blancs pour tenir son régiment au complet) un jeune homme nommé Brown se présenta comme volontaire, et l'état militaire étant plus conforme à ses goûts que le commerce, il demeura avec nous en qualité de cadet. Je dois rendre justice à ma malheureuse victime; la bravoure qu'il montra dans toutes les occasions, le firent considérer comme digne du premier emploi vacant. Je fus absent pendant quelques semaines pour une expédition éloignée. A mon retour je trouvai ce jeune homme établi sur le pied d'ami de la maison et aux petits soins auprès de ma femme et de ma fille. Quoique je n'eusse

aucun reproche à faire à ses mœurs où à
son caractère, ses assiduités me déplurent.
Peut-être me serais-je accoutumé à ses
fréquentes visites, sans les suggestions
perfides d'un autre jeune homme. Si vous
connaissez Othello, pièce que je ne lirai
jamais plus, vous aurez une idée de ce qui
s'ensuivit, je veux dire dans mon imagination ; car, Dieu merci, mes actions furent moins répréhensibles. Cet autre cadet ambitionnait aussi la première place
vacante. Il me fit remarquer la coquetterie
de ma femme et ses liaisons avec ce jeune
homme. Sophie était vertueuse, mais fière
de sa vertu ; offensée de ma jalousie, elle
fut assez imprudente pour recevoir plus
souvent des visites qu'elle savait m'être
désagréables. Une inimitié concentrée na-
quit alors entre Brown et moi. Il fit quelques efforts pour dissiper mes soupçons ;
mais prévenu comme je l'étais, j'attribuai
sa démarche à des motifs criminels. Se
voyant repoussé avec dédain, il cessa de
me faire des avances. Sans amis et sans
parents, il pouvait examiner avec plus

d'attention, la conduit : d'un supérieur qui jouissait de ces avantages.

« Si vous saviez ce que je souffre en vous écrivant cette lettre !.... Je poursuivrai cependant pour arriver à la fatale catastrophe qui remplira ma vie d'amertume. Mais.... il faut tout vous dire. Je serai aussi court qu'il me sera possible..

« Quoique ma femme ne fut plus jeune, sa beauté avait conservé son éclat, et je dois le dire à ma justification, elle aimait à paraître belle. Je vous l'ai déjà dit, je n'ai jamais conçu le moindre soupçon sur sa vertu ; mais excité par les artificieuses suggestions d'Archer, je crus qu'elle se jouait de ma tranquillité et que le jeune Brown lui faisait la cour pour me braver. Peut-être celui-ci me regardait-il comme un de ces hommes qui abusent de leur pouvoir et de leur rang pour tyranniser leurs inférieurs. S'il s'aperçut de ma jalousie il considéra sans doute ma souffrance, comme un dédommagement des petits désagrémens que mon grade m'autorisait à lui faire éprouver. Cependant un ami véritable voulant détruire ce que ces assiduités avaient d'offensant, jugea qu'elles avaient Julie pour objet et que pour se faire aimer de la fille, Brown cultivait l'amitié de la mère. Ces prétentions d'un jeune homme obscur et sans nom ne m'auraient pas été agréables, mais cette présomption ne m'aurait pas autant irrité que la passion que je lui supposais. Enfin, je me crus offensé, et offensé mortellement.

« Il suffit d'une étincelle pour causer un vaste incendie. J'ai absolument oublié l'occasion de notre querelle ; mais, autant que je puis m'en souvenir, elle nâquit au jeu pour des propos offensants. Nous nous rendîmes au delà des fossés et de l'esplanade de la forteresse que je commandais, sur les frontières de l'établissement, pour faciliter la fuite de Brown s'il était vainqueur. Je le désirais sincérement, quoique ce fut à mes dépens, mais il tomba au premier feu. Nous courions pour le secourir, lorsque une troupe de *Looties*, espèce de brigands de ce pays qui sont toujours aux aguets, fondit sur nous. Nous n'eûmes Archer et moi que le temps de monter à cheval, et ce ne fut qu'après un combat opiniâtre dans lequel il reçut des blessures mortelles, que nous parvinmes à nous frayer un passage. Pour mettre le comble aux malheurs de cette funeste journée, mon épouse soupçonnant le dessein qui nous faisait sortir de la ville, me suivit dans son palanquin, et fut sur le point de tomber entre les mains de ces pillards ; mais elle fut délivrée par un détachement de nos cavaliers. Je ne puis me dissimuler que les accidents de ce jour déplorable n'aient porté des atteintes profondes à une santé déjà fort délicate. L'aveu que fit Archer en mourant des circonstances qu'il avait inventées pour parvenir à son but, l'explication et le pardon de nos torts mutuels, rien ne put arrêter les progrès du mal. Elle mourut après huit mois de maladie, ne me laissant qu'une fille dont mistress Mervyn a eu la bonté de se charger pour quelque temps. Julie fut aussi dangereusement malade ; je me décidai donc à me démettre de mon commandement et à retourner en Europe où l'air natal, le temps et les distractions ont contribué à dissiper son abattement et à rétablir sa santé.

« Maintenant que vous connaissez mon histoire, vous ne demanderez plus la cause de ma mélancolie et vous me permettrez de m'y livrer. Ce triste événement est, je pense, plus que suffisant pour empoisonner la coupe des honneurs que la renommée et la fortune ont préparée, dites-vous, pour charmer les ennuis de ma retraite.

« Je pourrais ajouter des circonstances que notre vieux précepteur aurait remarquées comme des preuves frappantes de la fatalité qui règle les événements de notre vie; mais vous ririez de ce que je prends la peine de raconter des choses auxquelles je ne crois point. Cependant depuis mon arrivée à l'auberge d'où je vous écris; j'ai appris une coïncidence singulière, qui, si elle est confirmée par des témoins respectables, nous fournira le sujet d'une discussion curieuse. Je vous en épargne maintenant le récit ; j'attends d'ailleurs une personne pour lui parler d'un domaine qui est en vente dans le pays. C'est un site pour lequel j'ai une prédilection extraordinaire ; et j'espère que mon offre conviendra à ceux qui sont forcés de s'en défaire parce qu'il y a quelqu'un qui voudrait l'avoir à vil prix. Mes complimens respectueux à mistress Mervyn ; je vous charge, quoique vous vous flattiez d'être encore un jeune homme, d'embrasser Julie pour moi. Adieu, mon cher Mervyn ; tout à vous,

Guy Mannering.

Il venait de finir sa lettre lorsque M. Mac-Morlan entra dans le salon. La franchise et la confiance du colonel eut bientôt disposé cet homme probe et intelligent à lui donner tous les détails relatifs à cette acquisition et à lui en faire connaître les avantages et les inconvéniens. — La plus grande partie de ces biens, dit-il, est substituée aux héritiers mâles, et l'acquéreur aurait le privilège de retenir dans ses mains pendant un temps déterminé une partie considérable du prix de l'achat, dans le

cas

cas que l'enfant qui a disparu viendrait à reparaître.

— Pourquoi donc en force-t-on la vente ? dit Mannering.

Mac-Morlan sourit. — En apparence, c'est pour substituer l'intérêt de l'argent aux rentes précaires et mal payées d'un bien mal entretenu ; mais dans le fait, c'est pour seconder les désirs cupides d'un fripon qui est devenu un des plus forts créanciers, en faisant les affaires du propriétaire par des moyens qui lui sont familiers, et qui trouverait à sa convenance d'en être l'acquéreur sans débourser un shelling.

Après s'être concertés sur la manière de déjouer les projets de cet homme sans foi ils causèrent de la disparution d'Harry Bertram, événement qui avait vérifié la prédiction de Mannering qui ne se vanta pas de l'avoir faite. M. Mac-Morlan n'occupait pas encore sa place, lorsqu'il eut lieu ; mais il en connaissait toutes les circonstances, et il promit à Mannering que s'il effectuait le projet de s'établir dans cette partie de l'Ecosse, il engagerait le Shériff à lui en raconter les détails avec la plus grande exactitude. Ils se séparèrent très-satisfaits l'un de l'autre.

Le dimanche suivant le colonel Mannering assista en grand uniforme à l'office de l'église paroissiale; il n'y avait personne de la famille d'Ellangowan. On disait que le Lord était plus mal. Jock Jabos envoyé encore une fois pour les prendre revint sans eux; miss Bertram lui avait dit qu'elle espérait qu'il pourrait se mettre en route le lendemain.

CHAPITRE XIII.

Ce n'est rien seulement qu'une sommation,
Un ordre de vider d'ici, vous et les vôtres,
Mettre vos meubles hors, et faire place à d'autres,
Sans délai ni remise, ainsi que besoin est.

MOLIÈRE. *Tartuffe*, *Act. V. Sc. VI.*

Le lendemain matin, Mannering monta à cheval et suivi de son domestique il prit la route d'Ellangowan. Il n'eut pas besoin d'en demander le chemin; une vente publique est toujours un lieu de rendez-vous et d'amusement, et les routes qui y conduisaient étaient remplies de gens de toutes conditions.

Après avoir marché pendant une heure dans un pays agréable et fertile, il découvrit les tours du vieux château. Les pensées qu'elles faisaient naître en lui, étaient bien différentes de celles qui l'animaient en les perdant de vue, il y avait déjà tant d'années. Leur aspect était le même, mais quel changement dans les sensations, les espérances, les désirs de notre voyageur! Alors la jeunesse et l'amour embellissaient à ses yeux la nature. Aujourd'hui rassasié de gloire, privé de ses plus chères affections, le cœur déchiré par des regrets amers, son plus doux espoir était de trouver une retraite qui nourrît la mélancolie qui devait l'accompagner au tombeau. « Pourquoi, pensait-il, m'affligerais-je de l'instabilité de nos espérances et de la vanité de nos desseins ? Les anciens barons qui ont élevé ces tours majestueuses pour être le boulevard de la puissance de leur postérité, pouvaient-ils prévoir que le dernier de leurs descendants réduit à la misère en serait indignement chassé ? Mais les faveurs de la nature sont inaltérables. Le soleil éclairera ces ruines, soient qu'elles deviennent la propriété d'un étranger, soient qu'elles passent dans les mains sordides d'un vil intrigant qui trafique de la loi pour s'en emparer, avec autant d'éclat que lorsque les bannières de ses fondateurs flottaient sur leurs créneaux. »

Ces réflexions conduisirent Mannering à la porte du château, qui était alors ouverte à tout le monde. Il entra avec la foule; les appartemens étaient remplis de personnes attirées les unes par la curiosité, les autres pour examiner les objets sur lesquels elles feraient des offres. Rien de plus affligeant, même dans les circonstances les plus favorables que le tableau d'une vente publique; l'œil voit avec peine ces meubles entassés confusément pour qu'on puisse facilement les voir et les emporter; tels objets placés avec ordre dans un salon paraissent en bon état, qui n'ont plus alors qu'une apparence de dégradation et de vétusté; les appartements dépouillés de tout ce qui en faisait l'ornement offrent l'image de la dévastation; on entend avec dégoût les basses plaisanteries des curieux sur des meubles destinés à des usages secrets, leurs conjectures sur l'utilité d'objets qui leur sont inconnus ou qui ont cessé d'être à la mode : fastidieux bons mots, fruits des liqueurs fortes qu'on prodigue en Écosse dans ces occasions. Tous les effets ordinaires d'une telle scène avaient lieu à Ellangowan; ils étaient d'autant plus pénibles qu'ils annonçaient la ruine totale d'une ancienne et respectable famille.

Mannering attendit quelque temps avant de trouver quelqu'un disposé à répondre à ses questions réitérées sur le lord d'Ellangowan. Enfin une vieille servante lui dit en essuyant ses yeux avec son tablier, que son maître se trouvait un peu mieux et qu'on espérait qu'il aurait la force de quitter la maison aujourd'hui; que miss Lucy attendait la chaise à chaque instant, et comme la journée était belle pour la saison on l'avait porté dans son fauteuil sur la verdure devant le vieux château pour le dérober à cet affligeant spectacle. Mannering sortit et rencontra bientôt le groupe qui ne consistait qu'en quatre personnes. La montée était rude et il eut le temps de les observer et de réfléchir comment il les aborderait.

M. Bertram, paralytique et presque incapable de mouvement, était assis dans un grand fauteuil, la tête couverte d'un bonnet de nuit, enveloppé d'une robe de chambre de camelot, et les jambes entourées d'une couverture de laine. Derrière lui, les mains croisées sur une canne qui lui servait d'appui, se tenait Dominie Sampson que Mannering reconnut sur le champ; le temps ne paraissait avoir fait d'autre changement sur lui que de rendre plus brun son habit noir, et plus flasques ses joues maigres. D'un côté du vieillard était une jeune personne d'environ dix-sept ans ayant la taille d'une Sylphide. Mannering pensa que c'était sa fille; son œil inquiet se portait de temps en temps du côté de l'avenue, comme si elle attendait la chaise de poste; elle ne détournait son attention que pour arranger la couverture qui garantissait son père du froid, et pour répondre aux questions plaintives et embarrassantes qu'il lui adressait. Elle ne portait jamais ses regards vers le château, quoique le bruit de la foule eût dû les y attirer. La quatrième personne de ce groupe était un jeune homme de bonne mine qui paraissait partager les peines et la tendre sollicitude de miss Bertram pour son père.

Ce fut lui qui aperçut le premier le colonel, il alla poliment à sa rencontre pour le prier de ne pas avancer davantage vers cette famille infortunée. Mannering s'arrêta et lui dit qu'étant un étranger à qui M. Bertram avait autrefois accordé l'hospitalité de la manière la plus bienveillante, il aurait cru manquer de reconnaissance, si dans un moment où il paraissait abandonné de tout le monde, il ne venait pas lui offrir ainsi qu'à sa fille tous les services qui seraient en son pouvoir.

Il s'arrêta à quelque distance du fauteuil. Son vieil ami tourna vers lui un œil terne, et ne parut pas le reconnaître. Dominic était trop absorbé dans ses tristes méditations pour l'apercevoir. Le jeune homme parla un instant à miss Bertram qui s'avança timidement vers le colonel et le remercia de sa bonté : Je crains bien, lui dit-elle les yeux noyés de larmes, que mon père ne puisse vous reconnaître.

Puis elle s'approcha du fauteuil, accompagnée par le colonel. — Mon père, dit-elle, voilà M. Mannering, un de vos anciens amis, qui vient s'informer de votre santé.

— Il est le bienvenu, dit le vieillard en essayant de se lever et en le saluant de la main, tandis qu'un rayon de plaisir semblait éclaircir ses traits flétris ; Lucy, ma chère enfant, rentrons dans la maison, ne retenons pas davantage ce gentilhomme au froid ; Dominie, prenez la clef de la cave; Monsieur,.... monsi.... le gentilhomme sera bien aise de se rafraîchir après la route qu'il vient de faire.

Mannering fut pénétré de douleur en comparant cette réception avec la généreuse hospitalité qu'il avait reçue autrefois du même homme. Il ne put retenir ses larmes et cette marque de sensibilité lui mérita la confiance de la jeune personne.

— Hélas! dit-elle, ce spectacle est déchirant même pour un étranger; mais il vaut mieux pour mon pauvre père qu'il se trouve dans cet état que s'il connaissait sa pénible situation.

Un domestique en livrée vint parler à demi-voix au jeune homme et lui dit: M. Charles, Milady vous attend là-bas pour que vous enchérissiez pour elle l'armoire d'ébène; lady Jean Devergoil est avec elle: venez le plutôt possible.

— Dites-leur que vous n'avez pu me trouver, ou.... attendez.... dites-leur que je regarde les chevaux.

— Non, non, dit Lucy Bertram vivement; n'ajoutez pas aux peines de ce cruel moment; allez joindre la compagnie; ce gentilhomme nous aidera à monter en voiture.

— N'en doutez-pas, mademoiselle, votre jeune ami peut se reposer sur mes soins.

— Adieu donc, dit Charles. Il dit un mot à l'oreille de miss Bertram et s'éloigna précipitamment, comme s'il eut craint de n'avoir pas la force d'accomplir sa résolution.

— Où court Charles Hazlewood, dit le vieillard qui était sans doute habitué à sa présence et à ses soins; quelle affaire l'appelle ailleurs.

— Il reviendra bientôt, dit Lucy.

Des voix se firent entendre du côté des ruines. Le lecteur se rappellera qu'il y avait un chemin qui communiquait au rivage, et par où montaient ceux qui parlaient.

— Oui, il y a ici beaucoup de coquillages et d'herbes marines, comme vous l'observez; et si l'on voulait élever une nouvelle maison, ce qui serait assez nécessaire, n'aurions nous pas les matériaux de ce vieux donjon et de ces tours du diable...

— Grand Dieu! dit vivement miss Bertram à Sampson; c'est la voix de ce scélérat de Glossin; si mon père le voit, c'en est assez pour lui donner la mort.

Sampson se retourna tout d'un trait, s'avança à grandes enjambées vers le procureur et au moment où celui-ci paraissait sur la porte du château; il lui dit: — Arrêtez! éloignez-vous! n'est ce pas assez de le dépouiller de ses biens, voulez-vous l'assassiner?

— Allez, maître Dominie, quand on n'a pas pu prêcher en chaire on ne doit pas prêcher ici. Nous marchons la loi à la main, mon bon ami; nous laissons l'évangile pour vous.

Le nom seul de cet homme causa une violente agitation au malheureux malade: le son de sa voix excita en lui la commotion la plus violente. Il se leva brusquement, sans secours et se tournant vers Glossin, il lui dit avec une indignation qui contrastait avec la pâleur de son visage: — Ote-toi de ma vue, vipère!... infame vipère que j'ai réchauffée dans mon sein et qui m'as piqué de ton dard empoisonné!... Ne crains-tu pas que les murs qu'ont élevés mes pères n'écrasent tes membres coupables, et que le seuil de la porte d'Ellangowan ne s'entrouvre pour t'engloutir? N'étais-tu pas sans amis, sans asile, sans argent, lorsque ma main charitable t'accueillit dans ma demeure?... Et maintenant ne me chasses-tu pas avec cette innocente fille, sans amis, sans asile, sans argent, de ce domaine où moi et les miens avons vécu pendant plus de mille ans?

Si Glossin eût été seul il se serait sans

doute retiré ; mais la présence de l'étranger, et de l'homme qui l'accompagnait et qui était un inspecteur du pays, le détermina à conserver son impudence. La tâche était difficile, même pour un homme aussi effronté. — Monsieur... monsieur.... M. Bertram.... vous ne devez pas me blâmer; c'est votre propre imprudence qui....

L'indignation de Mannering était à son comble. — Monsieur, lui dit-il, sans entrer dans le sujet de la discussion, je dois vous observer que vous avez choisi un temps, un lieu et des auditeurs fort peu convenables, et vous m'obligerez de vous retirer sans ajouter un seul mot.

Glossin était grand, robuste et vigoureux; il aima mieux avoir affaire à un étranger qu'il espérait intimider que de défendre une mauvaise cause contre son bienfaiteur. — Monsieur, je ne vous connais pas, et je ne souffrirai jamais que l'on me parle sur ce ton.

Mannering était naturellement emporté; ses yeux s'enflammèrent; il se mordit si fort la lèvre inférieure, que le sang en coula

coula et s'approchant de Glossin : — Sachez, monsieur, qu'il m'importe peu que vous me connaissiez ou non ; *je vous connais, moi!* et si vous ne descendez à l'instant sans prononcer une seule syllabe, de par le ciel qui est au dessus de nos têtes, vous ne ferez qu'un saut d'ici en bas.

Le ton impérieux du colonel atterra ce misérable. Il hésita, tourna sur ses talons et murmurant entre ses dents qu'il ne voulait pas effrayer la jeune demoiselle, il les délivra de son odieuse figure.

Le postillon de mistress Mac-Candlish, arrivé assez à temps pour entendre ce qui se passait, dit à haute voix que si jamais il le conduisait, il aurait plus de plaisir à le verser qu'à boire une bouteille de bon vin.

Il s'avança ensuite pour annoncer que ses chevaux étaient prêts pour emmener milord et sa fille. Mais il n'en était plus besoin. Les forces affaiblies de M. Bertram furent totalement épuisées par ce dernier effort de son indignation ; il expira sans pousser un seul gémissement. L'extinction du souffle vital causa si peu d'altération sur ses traits que l'on ne s'aperçut de sa mort, que par les cris perçans de son intéressante fille, lorsqu'elle sentit qu'il était sans pouls et qu'elle vit ses yeux éteints pour toujours.

CHAPITRE XIV.

L'airain sonne minuit.... Nous ne songeons au temps
Que lorsqu'il s'est enfui. Gloire aux hommes prudents
Qui donnèrent au timbre une voix solennelle;
On dirait que du haut de la voûte éternelle,
Un ange nous annonce un message divin.

YOUNG.

La morale que le poète tire de notre mode de mesurer le temps peut être appliquée au point de vue sous lequel nous considérons cette portion du temps qui constitue la vie humaine. Nos yeux ne s'arrêtent pas sans inquiétude sur les vieillards, les malades et sur ceux que leurs professions exposent à des dangers imminents ; mais ce spectacle ne nous corrige point et ce n'est que lorsque nous sommes sur le bord de la vie,

> Que la crainte et l'espoir s'éveillant alarmés
> Fixent avec horreur l'avenir redoutable
> Et de l'éternité la nuit épouvantable.

La foule des oisifs et des curieux attirés à Ellangowan par l'espoir de s'amuser ou par la cupidité ne s'occupaient aucunement du malheureux que l'on dépouillait. Peu de personnes connaissaient cette famille. M. Bertram réduit à un état de solitude par la mauvaise fortune et l'affaiblissement de ses facultés, était oublié de ses voisins, qui n'avaient jamais connu sa fille. Mais lorsque un murmure général annonça que le lord d'Ellangowan venait de mourir de douleur dans les efforts qu'il avait faits pour quitter la maison de ses pères, tous les cœurs s'attendrirent et les larmes coulèrent aussi promptement que l'eau jaillit du rocher frappé par la verge d'un ancien prophète. On se rappela l'antiquité et la noblesse sans tache de cette famille, et chacun paya au malheur ce tribut de respect qui n'est jamais réclamé en vain parmi les Ecossais.

M. Mac-Morlan se hâta d'annoncer qu'il suspendait la vente et qu'il laisserait la jeune demoiselle en possession des biens et des meubles jusqu'à ce qu'elle se fût consultée avec ses amis et eût rendu les derniers devoirs à son père.

Glossin interdit pendant quelques instants par la douleur générale, voyant que l'indignation ne se manifestait pas contre lui, eut l'audace de demander que l'enchère fût continuée.

— Je prends sur mon autorité de l'ajourner, dit le substitut du Shérif; de nouvelles affiches annonceront le jour où la vente sera continuée. Il est de l'intérêt de tous que ces biens soient vendus au plus haut prix et ce n'est pas le moment de l'espérer; je me rends responsable de tout ce qui peut en résulter.

Glossin s'esquiva furtivement, et bien lui en prit, car notre ami Jock Jabos haranguait un groupe d'assistans pour leur prouver la nécessité de le mettre à la porte.

On remeubla de suite quelques appartemens pour recevoir la jeune demoiselle et le corps de son père. Mannering pensa que sa présence n'était plus nécessaire, et pourrait même être mal interprétée. Il observa que plusieurs familles alliées à celle d'Ellangowan, et qui tiraient de cette alliance leur principal lustre, étaient disposées à payer à leur arbre généalogique un tribu que l'adversité de leur parent n'aurait jamais pu obtenir, et que l'honneur de présider aux funérailles de Godfroy Bertram était disputé par sept opulents gentilshommes qui pendant sa vie ne lui auraient pas offert un asile, tels que les sept villes rivales qui prétendaient chacune avoir donné le jour à Homère. Comme sa présence était inutile, il résolut de faire un petit voyage de quinze jours, au bout duquel temps la vente était ajournée. Mais avant son départ il fit demander une entrevue à Dominie. Celui-ci parut avec une figure allongée autant par l'étonnement que par la douleur; il fit deux ou trois profonds saluts à Mannering et attendit ses ordres debout et en silence.

—— Vous ne devinez pas probablement, M. Sampson, ce qu'un étranger peut avoir à vous dire ?

— A moins qu'on ne veuille me charger d'enseigner à un jeune homme les belles-lettres et les humanités... Mais je ne puis, j'ai encore une tâche à remplir.

— Non, M. Sampson, mes désirs ne sont pas si ambitieux, je n'ai qu'une fille et je pense que vous ne la voudriez pas pour élève.

— Non, sans doute, cependant c'est bien moi qui ai élevé miss Lucy dans la connaissance de toutes les sciences utiles, quoique ce soit la femme de charge qui lui ait enseigné les talents peu nécessaires de l'aiguille et du ménage.

— Eh! bien, monsieur, c'est précisément de miss Lucy que j'ai à vous parler. Vous ne vous souvenez pas de moi je présume ?

Sampson toujours distrait ne se rappelait ni l'astrologue, qu'il avait perdu de vue depuis si long-temps, ni même l'étranger qui avait pris avec tant de chaleur la défense de son patron contre Glossin, tant la mort imprévue de son ami avait embrouillé ses idées.

— N'importe, je suis une vieille connaissance de feu M. Bertram, qui veut se rendre utile à sa fille dans cette pénible circonstance. D'ailleurs j'ai l'intention d'acquérir cette propriété, et je désirerais que tout fut en ordre dans le château ; voici une petite somme que vous aurez la bonté d'employer aux besoins de la famille. — Il mit dans la main de Dominie une bourse qui contenait quelques pièces d'or.

— Pro-di-gi-eux ! s'écria Dominie Sampson, mais si votre honneur voulait attendre....

— Impossible, monsieur, impossible, dit Mannering en s'échappant.

— Pro-di-gi-eux ! répéta Dominie, en le suivant jusqu'à l'escalier, la bourse à la main ; mais quant à cet argent....

Mannering descendit rapidement les degrés.

— Pro-di-gi-eux ! s'écria Dominie Sampson pour la troisième fois, en le suivant jusqu'à la porte ; mais quant à cet argent...

Mais Mannering déjà monté sur son cheval n'était plus à portée de l'entendre. Dominie qui n'avait jamais possédé le quart de cette somme, pas même comme dépositaire, quoiqu'elle ne se montât qu'à vingt guinées, prit conseil sur l'emploi qu'il devait en faire. Il trouva par bonheur dans Mac-Morlan un conseiller désintéressé qui lui dit que le meilleur usage qu'il pût en faire était de le faire servir aux besoins de miss Bertram, n'y ayant aucun doute que ce ne fut l'intention du donateur.

Plusieurs familles nobles du voisinage offrirent sincérement un asile à miss Bertram. Mais elle ne put se résoudre à l'accepter, prévoyant qu'elle n'y serait considérée que comme un objet de compassion ; elle se détermina donc à attendre l'avis de la plus proche parente de son père, mistress Marguerite Bertram de Singleside vieille fille, à qui elle venait de faire connaître sa triste position.

Les funerailles du feu lord d'Ellangowan furent faites avec beaucoup de décence, et sa fille infortunée fut réduite à se considérer comme étrangère dans la maison où elle avait été élevée, où sa patience, ses tendres soins et sa piété filiale avaient été la consolation et l'appui de la vieillesse.

M. Mac-Morlan lui avait fait entrevoir qu'elle ne serait pas forcée d'abandonner de sitôt cet asyle, mais la fortune en avait autrement ordonné.

Deux jours avant l'époque fixée pour la vente des biens d'Ellangowan, Mac-Morlan attendait avec impatience le colonel Mannering, ou au moins une lettre contenant sa procuration. Mais son espoir fut trompé. Le jour de la vente arriva; il se leva de grand matin, courut à la poste; point de lettres pour lui; il chercha à se persuader que le colonel arriverait pour déjeûner; il ordonna en conséquence à son épouse de se parer, et de sortir ses plus belles porcelaines; tous ces préparatifs furent inutiles. « Si j'avais prévu cela, disait-il, j'aurais parcouru l'Ecosse et j'aurais bien trouvé quelqu'un pour enchérir sur Glossin. » Hélas! ces réflexions étaient trop tardives. L'heure arrive; les parties se rassemblent dans la loge des Francs-Maçons à Kippletringan, lieu désigné pour la vente. Mac-Morlan emploie dans les préliminaires autant de temps que la décence le lui permet, et lit chaque article de la vente aussi lentement que s'il prononçait son arrêt de mort. Chaque fois que la porte de l'appartement s'ouvre, il y jette les yeux, avec un espoir de plus en plus faible. Chaque bruit qu'il entend à l'extérieur lui semble celui d'une voiture. Une idée se présente à lui : le colonel Mannering n'aurait-il pas chargé quelque autre personne d'enchérir pour lui ? Il ne s'arrête pas au manque de confiance qu'il lui eût ainsi montré ; cet espoir est aussi sans fondement. Après une longue attente, M. Glossin offre le prix le plus élevé pour les terres et baronie d'Ellangowan ; aucun compétiteur ne se présente ; ainsi après que le sablier a cessé de couler, M. Mac-Morlan est obligé de déclarer que la vente est légalement faite et adjugée audit Gilbert Glossin. Il refusa de prendre part au splendide festin dont le nouveau seigneur d'Ellangowan régala toute la compagnie, et il retourna chez lui de mauvaise humeur et en pestant contre le caprice de ces nababs indiens qui ne savent jamais ce qu'ils feront dans dix jours. La fortune en se chargeant de tout le désagrément de cette affaire, appaisa la colère de M. Mac-Morlan.

Vers les six heures du soir arrive un exprès, ivre à ne pouvoir se tenir debout, à ce que dit la servante, en lui remettant une lettre du colonel Mannering, datée depuis quatre jours d'une ville éloignée de Kippletringan de plus de cent milles, et contenant des pleins pouvoirs à M. Mac-Morlan ou à tout autre qu'il jugerait à propos d'employer pour l'achat dont il s'agissait, s'excusant sur ce que d'importantes affaires de famille l'appelaient dans le Westmoreland, où il le priait de lui répondre chez sir Arthur Mervyn, à Mervyn-Hall.

Mac-Morlan dans le premier transport de sa colère, jeta la procuration à la tête de la servante qui n'y était pour rien et fut sur le point de chasser à coup de fouet le messager dont l'ivrognerie et la paresse avaient causé ce désappointement.

CHAPITRE XV.

Hélas ! je suis dans la misère ;
Je suis sans or et sans argent ;
Ma seule ressource est ma terre
Que je voudrais vendre au comptant.

Jean de Scale, accepte mon offre.
Je le veux bien, me répond Jean.
Aussitôt il ouvre son coffre
Et me gagne trois cents pour cent.

L'héritier de Linne.

Le Galwégien Jean de Scale était moins habile que celui qui l'avait pris pour modèle, puisqu'il ne parvint à posséder l'héritage de Linne qu'avec la désagréable cérémonie de compter de l'argent. Dès que miss Lucy eût appris cette nouvelle aussi pénible qu'inattendue, elle se prépara à quitter immédiatement le château. M. Mac-Morlan l'aida dans ses arrangements, et la pressa si vivement d'accepter un logement chez lui, jusqu'à ce qu'elle eût reçu une

une réponse de sa cousine, ou qu'elle eût formé un plan de vie, qu'elle aurait cru le désobliger en refusant une invitation faite avec tant d'amitié. Mistress Mac-Morlan, par son aimable caractère et sa bonne éducation devait rendre sa maison agréable à miss Bertram. Assurée d'un asile respectable, elle sortit de son appartement avec plus de courage pour payer les gages du petit nombre des domestiques de son père, et recevoir leurs adieux.

Lorsque des qualités estimables unissent mutuellement les maîtres et les domestiques, cette séparation est toujours pénible; mais les circonstances présentes la rendaient doublement affligeante. Tous reçurent ce qui leur était dû et quelques bagatelles de plus, et ils se séparèrent de leur jeune maîtresse en versant des larmes et en la comblant de bénédictions et de remercîments. Il ne resta dans le salon que M. Mac-Morlan qui venait chercher la jeune orpheline pour l'accompagner chez lui, Dominie Sampson et miss Bertram.
—Et maintenant, dit cette pauvre enfant,

il faut que je fasse mes adieux à un de mes plus anciens et de mes meilleurs amis. Que le ciel vous bénisse, M. Sampson, qu'il vous récompense des instructions et des soins que vous m'avez donnés, et de l'amitié que vous avez toujours portée à mon malheureux père. J'espère que j'aurai souvent de vos nouvelles. Elle glissa dans sa main un papier qui contenait quelques pièces d'or, et se leva pour sortir de l'appartement.

Dominie Sampson se leva aussi, mais ce fut pour rester immobile dans un étonnement inexprimable. L'idée de se séparer de miss Lucy ne s'était jamais présentée à la simplicité de son entendement. Il jeta l'argent sur la table. — C'est bien peu de chose, dit Mac-Morlan interprétant mal son action, mais les circonstances....

M. Sampson agitait sa main avec impatience. — Ce n'est pas... ce n'est pas l'amour du gain... Mais moi qui ai mangé pendant vingt ans et plus à la table de son père... penser qu'il faut que je l'abandonne... que je l'abandonne dans la douleur et l'infortune.... Non, miss Lucy, vous ne pouvez le vouloir? Vous n'auriez pas la cruauté de chasser le chien de votre père, me traiteriez-vous plus mal que lui? Non, miss Bertram, tant que je vivrai, je ne vous quitterai jamais. Je ne vous serai point à charge. J'ai réfléchi aux moyens de vous être utile. Mais comme Ruth disait à Noëmi : « Ne demande pas que je te quitte ou que je me sépare de toi ; car partout où tu iras, j'irai ; où tu habiteras, j'habiterai ; ton peuple sera mon peuple et ton Dieu sera mon Dieu ; où tu mourras, je mourrai et la même tombe nous couvrira toutes deux ; » ainsi miss Bertram, que le Seigneur m'accorde que la mort seule me sépare de vous....

Pendant ce discours le plus long qu'on eût entendu prononcer à Dominie Sampson, les yeux de ce digne homme s'étaient remplis de larmes ; miss Lucy et Mac-Morlan ne purent arrêter les leurs à ce élan inattendu d'affection et d'attachement. M. Sampson, dit Mac-Morlan, ayant recours alternativement à son mouchoir et à sa tabatière, ma maison est assez grande, et si vous voulez y accepter un lit, tant que miss Bertram nous fera l'honneur d'y demeurer, je me croirai fort heureux de recevoir chez moi un homme aussi vertueux et aussi fidèle.

Et avec une délicatesse propre à dissiper l'inquiétude de miss Lucy qui aurait cru se rendre indiscrette en amenant avec elle ce compagnon inattendu, il ajouta: Mes affaires demandent souvent un homme plus entendu que mes clercs, ainsi j'aurai de temps en temps recours à vous pour régler mes comptes.

Assurément, assurément, dit Sampson avec vivacité, je sais tenir les livres par parties doubles et simples et selon la méthode italienne.

Notre postillon étant entré dans le salon pour annoncer que la voiture et les chevaux étaient prêts, fut témoin de cette scène attendrissante, sans être aperçu. Aussi, ne manqua-t-il pas d'en rendre compte à mistress Mac-Candlish, en lui disant que c'était la chose la plus touchante qu'il eut jamais vue. — La mort de mon vieux cheval gris, répétait-il, n'était rien auprès de cela. Cette légère circonstance eut dans la suite des conséquences intéressantes.

Mistress Mac-Morlan reçut avec beaucoup d'amitié ces nouveaux hôtes. Son mari lui dit comme à tout le monde qu'il avait prié Dominie Sampson de demeurer pendant quelque temps dans sa maison pour débrouiller ses comptes. La connaissance qu'il avait du monde lui fit penser que quelque honorable que fut la fidélité de Dominie, sa figure le rendait peu propre à servir d'écuyer à une jeune et belle personne de dix-sept ans.

Dominie s'occupa avec beaucoup de zèle du travail que M. Mac-Morlan lui avait confié; mais on remarqua qu'une certaine heure après le déjeûner, il disparaissait régulièrement, et ne revenait qu'au moment du dîner. Le soir il travaillait aux affaires de son hôte. Le samedi, il parut devant Mac-Morlan avec un air de triomphe et jeta deux pièces d'or sur la table.
— Que voulez-vous faire de cet argent, Dominie? dit celui-ci.

— D'abord pour vous indemniser de ce que vous faites pour moi, homme respectable, et le surplus est destiné aux besoins de miss Bertram.

— Mais, M. Sampson, votre travail est plus que suffisant pour m'indemniser ; c'est moi qui suis votre débiteur.

— Alors, dit Dominie en se frottant les mains, ce sera tout pour miss Bertram.

— Fort bien, mais cet argent....

— Est honnêtement gagné ; c'est le fruit de mon travail et des leçons de langues que je donne à un brave jeune homme à qui je consacre trois heures par jour.

Quelques questions suffirent pour savoir de Dominie que cet élève généreux était le jeune Hazlewood, et qu'il se rendait chaque jour à l'auberge de mistress Mac-Candlish, qui lui avait procuré cet infatigable et libéral écolier, en prônant son attachement désintéressé.

M. Mac-Morlan fut étonné de ce que lui disait Dominie, qui sans doute était un savant très-estimable, et digne d'expliquer les anciens auteurs ; mais qu'un jeune homme de vingt ans fit chaque jour de la semaine sept milles et retournât chez lui pour avoir un tête-à-tête de trois heures avec un pédagogue, c'était un zèle pour la littérature auquel il était peu disposé à ajouter foi. Il ne lui fut pas difficile avec Dominie de s'éclaircir là-dessus, car cet honnête homme n'admettait que les idées les plus directes et les plus simples. — Miss Lucy sait-elle à quoi vous passez votre temps, mon bon ami ?

— Non pas encore; M. Charles m'a recommandé de le lui cacher, de crainte que sa délicatesse alarmée ne se fît un scrupule de recevoir ces faibles secours; mais je pense qu'il sera difficile de le lui cacher plus long-tems, car M. Charles se propose de venir parfois prendre ses leçons ici.

— Ah! ah! dit Mac-Morlan, je commence à comprendre un peu mieux; et dites-moi, je vous prie, M. Sampson, ces trois heures sont-elles entièrement employées à composer et à traduire ?

— Non sans doute, nous avons des intervalles de conversation pour nous délasser de l'étude. *Neque semper arcum tendit Apollo.*

— Et vos conversations roulent ordinairement....

— Sur les momens que nous avons passés à Ellangowan ; je crois même que nous parlons souvent de miss Lucy ; car M. Charles me ressemble là-dessus ; dès que je commence à parler d'elle, je ne sais jamais finir ; et comme je le disais en badinant, elle nous dérobe la moitié de nos leçons.

— Oh ! oh ! pensa Mac-Morlan, le vent souffle-t-il de ce côté ? j'en avais entendu dire quelque chose.

Il se mit à réfléchir sur la conduite qu'il lui convenait de tenir soit pour les intérêts de sa protégée, soit pour les siens propres ; car le vieux M. Hazlewood était puissant, riche, ambitieux et vindicatif, et faisant autant de cas de la fortune que de la noblesse pour l'alliance de son fils. Enfin se confiant dans le jugement et le bons sens de miss Bertram, il saisit le moment où ils se trouvaient seuls, pour lui en faire part comme d'une affaire de peu d'importance. Il le fit aussi naturellement qu'il le put. — Je vous félicite, lui dit-il, de la bonne fortune de votre ami M. Sampson, miss Lucy; il a trouvé un élève qui lui paie deux guinées pour douze leçons de grec et de latin.

— Il est vrai! j'en suis aussi satisfaite que surprise. Mais qui peut être si libéral? Le colonel Mannering serait-il de retour?

— Non, non; ce n'est pas le colonel Mannering; mais que pensez-vous de M. Hazlewood? il parle de venir prendre ses leçons ici; je voudrais que nous pussions lui donner cette facilité.

Lucy rougit. — Pour l'amour du Ciel, M. Mac-Morlan, qu'il n'en soit rien. Charles Hazlewood a déjà eu assez de désagrémens à ce sujet.

— A cause des auteurs classiques, ma chère miss? Il est un âge où leur étude fait le tourment des jeunes gens; mais à présent elle est volontaire.

Miss Bertram laissa tomber la conversation, et son hôte ne fit aucun effort pour la soutenir, voyant qu'elle semblait réfléchir et former quelque résolution intérieure.

Le lendemain, ayant pris à part M.

Sampson, elle lui exprima de la manière la plus gracieuse, combien elle était pénétrée de reconnaissance pour son attachement désintéressé, et le plaisir que lui causait sa bonne fortune; mais elle lui fit entendre que cette manière d'enseigner devait-être très-pénible pour son élève, et qu'il vaudrait mieux tant que son engagement durerait, loger chez son disciple ou dans son voisinage. Sampson refusa, comme elle s'y attendait, d'écouter cette proposition. — Je ne vous quitterais pas, lui dit-il, pour devenir le précepteur du Prince de Galles. Mais je vois que vous êtes trop fière pour accepter le partage de mes profits, et que je commence à vous devenir à charge.

— Non certes..... Vous étiez l'ancien et presque l'unique ami de mon père; je ne suis point orgueilleuse, Dieu le sait! je n'ai pas raison de l'être. Dans toute autre occasion vous ferez ce que vous jugerez convenable; mais obligez-moi de dire à M. Charles Hazlewood que nous avons parlé de ses études, et que j'ai pensé que son entrée dans la maison était impraticable et qu'il ne doit plus y songer.

Dominie Sampson s'en alla la tête baissée, et en fermant la porte, il ne put s'empêcher de murmurer le *varium et mutabile* de Virgile. Le lendemain il parut avec un visage qui excitait la pitié, et donna une lettre à miss Bertram. — M. Hazlewood, dit-il, discontinue ses leçons; il m'a généreusement dédommagé de cette perte, mais comment suppléera-t-il à celle des connaissances qu'il aurait acquises sous moi? Même sur l'article de l'écriture, n'a-t-il pas resté une heure pour écrire ce petit billet, n'a-t-il pas fait trois ou quatre brouillons, gâté quatre ou cinq plumes et beaucoup de papier blanc? Tandis que dans trois semaines, je lui aurais formé une écriture ferme, nette, courante, et lisible; ah! j'en aurais fait un calligraphe; mais que la volonté de Dieu s'accomplisse.

La lettre ne contenait que quelques lignes, dans lesquelles Hazlewood se plaignait de la cruauté de miss Bertram qui non seulement refusait de le voir; mais ne lui permettait même pas de l'obliger et de savoir de ses nouvelles de la manière la plus indirecte. Il la terminait en assurant que son amour ne finirait qu'avec sa vie.

L'active protection de mistress Mac-Candlish procura à Dominie quelques autres écoliers d'un rang bien inférieur à celui de Charles Hazlewood et dont les leçons étaient moins productives. Cependant il en retirait une honnête rétribution que dans la joie de son cœur, il portait chaque semaine à M. Mac-Morlan, ne retenant juste que ce qu'il lui fallait pour remplir sa tabatière et garnir sa pipe.

Nous allons maintenant quitter Kippletringan et revenir à notre héros, de crainte que nos lecteurs ne s'imaginent que nous allons encore le perdre de vue pendant un autre quart de siècle.

FIN DU TOME PREMIER.

Imprimerie de Pierre CHAILLOT Jeune,
à Avignon.

TITRE II.

Du territoire des Espagnes, de sa religion, de son gouvernement et des citoyens espagnols.

CHAPITRE PREMIER.

Du territoire des Espagnes.

10. Le territoire espagnol comprend dans la péninsule, inclusivement avec ses possessions et ses îles adjacentes, l'Arragon, les Asturies, la vieille Castille, la nouvelle Castille, la Catalogne, Cordoue, l'Estramadoure, la Galice, Grenade, Jaen, Léon, Molina, Murcie, Navarre, les provinces Biscaïennes, Séville et Valence, les îles Baléares, les Canaries et les autres possessions d'Afrique. Dans

www.ingramcontent.com/pod-product-compliance
Lightning Source LLC
Chambersburg PA
CBHW051918160426
43198CB00012B/1948